교육
Korea
30

차인준

책 머 리 에

저자는 강산이 두 번 변하고도 훨씬 더 긴 세월을 대학에서 행
정을 맡으며 보냈다. 대학행정에 임하면서 주어진 일에 대해 참으
로 열심히 하였다고 자부한다.

말 그대로 전심전력全心全力, 성심성의誠心誠意를 다해 일했다.
그러다 보니 서당 개처럼 풍월風月을 읊고 싶었다. 겁도 없이 교육
에 관한 책을 내겠다고 마음먹은 것이다. 그 결실 중의 하나가
2005년에 발간한 〈대학 IMF 도전과 희망〉이라는 책이었다. 그
동안의 대학행정 경험과 공부를 통해서 얻은 지식들을 정리해서
펴낸 첫 번째 졸저拙著였다. 저자는 IMF 이후의 어두운 상황에
처한 우리 대학의 좌표와 가야할 방향을 나름대로 제시해 보고자
노력했다.

그런 연후에도 우리나라 교육이 안고 있는 문제점과 그 대안이 무엇인가에 대해 나름대로 깊은 사색과 고뇌의 시간을 보냈다.

교육에 관한 책이나 신문기사, 정보를 닥치는 대로 읽고, 분석하고, 정리하였다. 그런 와중에 저자가 알게 된 것은 우리 교육의 문제점을 지적하고 비판하는 내용들이 주류를 이루고 있는데 반해 정작 해결책을 제시하는 정책 아이디어는 많지 않다는 사실이었다.

"우리나라에는 교육전문가가 아닌 사람은 아무도 없다"라고 하는 말이 있다. 이 말은 단지 우리나라의 높은 교육열만을 의미하는 것이 아니고 교육에 대한 우리 국민들의 높은 식견을 포함하고 있는 말이다. 따라서 〈교육 Korea 30〉에서 제시하고 있는 내용이 다소 설익은 생각이 되지 않을까 우려되기도 한다. 그럼에도 스스로 위안하는 것은 백가쟁명식百家爭鳴式 문제제기에 그치는 다른 경우와 달리 본서에서는 분명한 해결책을 나름대로 제시하고자 노력하였다는 점이다. 나아가 단순한 대안 제시에 그치지 않고 우리 교육에 대해서 만큼은 열린 마음으로 대화하고 토론함으로써 우리 교육이 새로운 지평을 여는데 한 알의 밀알이 되겠다는 다짐이 이 책을 쓰게 된 진정한 동기였음을 밝힌다.

그러다 보니 이 책을 크게 세 부분으로 나누게 되었다. 첫 장은 '교육개혁의 프레임'에 관해, 두 번째 장은 '우리 교육의 위기와 기회' 그리고 마지막 장은 '교육선진국으로 가는 길'로 구성되어 있다.

　책의 제목을 〈교육 Korea 30〉이라고 붙인 것은 교육강국 대한민국을 건설하기 위해 저자가 평소 생각하고 있던 30가지 제안提案을 담았음을 의미한다.

　의학을 공부한 저자가 비전공분야의 책을 내기까지에는 적지 않은 용기가 필요했다. 바라는 바가 있다면 졸저拙著가 우리 교육의 밝은 미래를 열어 가는데 조금이라도 보탬이 되었으면 하는 것이다. 이 책을 내는데 아낌없이 성원을 해주신 백낙환 인제대학교·백병원 이사장님과 인제대학교 교수·직원 여러분들께 깊은 고마움을 느낀다. 아울러 미흡한 내용임에도 불구하고 기꺼이 출판을 맡아주신 박문사 윤석현사장님과 출판사 관계자 여러분께도 지면을 빌어 감사드린다.

2011년 4월
인제의과대학 약리학 교실에서 저자

교육
Korea
30

목 차

chapter 2　우리 교육의 **위기**와 **기회**

chapter 3 교육선진국으로 가는 길

교육
Korea
30

chapter 1 :

교육개혁의
프레임

교육개혁,
넘어야 할 산山,
건너야 할 강江

소득양극화, 저출산율, 조기유학 등과 같은 우리사회의 고질적 문제들도 따지고 보면 교육문제와 깊은 관련성이 있다. 이것은 교육문제의 해결이 최선의 경제·복지·사회정책이 될 수 있다는 것을 의미한다. 우리 국민들이 '교육대통령敎育大統領'이 나오기를 갈망하는 까닭도 바로 여기에 있다.

19세기 초 막 산업혁명産業革命이 마무리되던 영국의 노팅엄에서는 사람들이 공장에 몰려가 기계와 상품을 때려 부수는 기이한 일들이 벌어지고 있었다. 그와 같은 집단적 파괴행위의 명분은 이러한 것들이 무슨 가치가 있느냐는 것이었다. 그들은 무릇 가치란 토지에서 창출되는 것이고 이를 위해서는 인간들의 노동이 필요한 것인데 그 자리를 기계와 공장이 차지해서는 안 된다고 주장했다. 이것이 그 유명한 '러다이트 운동'이다. 이 사례는 토지가 생산의 원천이었던 농경사회에서 자본이 가치창출價値創出을 주도하는 산업사회로 이행하는데 있어서 상당한 진통의 시간을 인류사회가 거쳐야만 했음을 보여주는 대표적인 예이다. 21세기에 들어선 지금도 우리는 무늬만 다르지 이와 유사한 혼란을 겪고 있다. TV나 자동차와 같은 눈에 보이는 상품에만 가치를 인정해온 우리가 이제 무형의 정보情報와 지식知識에도 가치가 있다는 사실을 받아들여야만 하는 것이다. 광케이블을 타고 순식간에 이동하는 그 무엇이 가치를 가지고 있고, 나아가 그것이 산업이 되어 국부國富의 원천이 된다고 하는 점을 인정해야만 하는 단계에 와 있다.

　　그렇다. 우리는 지식이 부와 사회적 가치를 창출하는 원천이 되는 지식기반사회知識基盤社會에 살고 있다. 미국 버클리 대학

비즈니스 스쿨의 데이비드 티스 교수는 "부를 창출하는 기반이 근본적으로 변화하고 있다. 부를 창조하는 열쇠는 지식이다"라고 말했다. 또 세계적인 경영평론가인 피터 드러커는 "일하는 방법을 끊임없이 개발하고 개선하여 혁신함으로써 부가가치附加價値를 높이는 것"으로 지식의 개념을 정의하고 있다. 지식이란 단순히 무엇에 대하여 알고 있다는 것을 뜻하는 것이 아니라, 앎을 바탕으로 무언가를 새롭게 만들고 조직하여 체계화함으로써 다시 새로운 것을 창출할 수 있다는 점에서 기술과 정보까지도 포괄하는 개념이다. 따라서 지식은 과거의 자본이 그랬던 것처럼 기업이나 국가의 경쟁력을 좌우할 수 있는 사회적 자산으로서의 역할을 한다.

지식기반사회에서 핵심이 되는 산업은 교육이다. 미국과 EU 및 일본과 같은 선진국뿐 아니라 중국, 인도 같은 나라들도 지식기반사회에 적합한 인재양성을 위하여 교육개혁을 국가경영의 최우선 순위에 두고 있다. 고든 브라운 영국 수상은 취임 일성一聲으로 '일등 교육국 영국'을 외쳤다. 사회주의 국가인 중국 또한 그동안 211공정工程을 통해 대학의 구조조정과 운영시스템을 획기적으로 개선해 왔고, 2008년 9월에는 '111 프로젝트'를 발표했다. 세계 수준의 인재 1천명을 유치해 100대 대학에 10명씩 배치,

그곳을 국가혁신의 전진기지로 삼는다는 전략이다. 스위스 국제경영개발원(IMD)이 발표한 '2010년 세계 경쟁력 평가'에서 우리나라의 국가경쟁력은 58개 조사 대상국 중 23위를 차지했으나 교육경쟁력은 35위, 대학교육의 사회부합도는 46위로 사실상 꼴찌에 가깝다. 우리나라 역대 정부는 빠짐없이 교육개혁을 소리 높여 외쳐왔다. 그러나 소리만 요란했지 지식기반사회에 걸 맞는 글로벌 인재양성에는 성공했다고 할 수 없다.

우리는 우리를 둘러싼 환경이 산업사회産業社會를 거쳐 지식정보화사회知識情報化社會로 이행했음을 신속히 받아들여야 한다. 중요한 것은 이러한 패러다임 변화에 걸맞은 교육체제를 마련하고 글로벌 인재를 양성하는 데 지혜를 모아야 한다는 점이다. 3불정책, 공교육 부실, 사교육비, 교원평가제, 학생 학력저하, 인성人性교육, 창의력創意力 배양교육, 대학교육의 수월성秀越性제고, 국립대학 법인화, 대학 구조조정과 통폐합 등 우리가 당면하고 있는 교육현안에 대하여 교육당국은 분명한 방향과 원칙을 세워 일관성있게 추진해야 한다. 더 이상 이해관련 집단에 휘둘려 좌고우면左顧右眄해서는 안 된다.

교육개혁은 대한민국의 밝은 미래를 위해서 우리가 넘어야 할 산이고 건너야 할 강이다. 소득양극화, 저출산율, 조기유학 등과 같은 우리사회의 고질적 문제들도 따지고 보면 교육문제와 깊은 관련성이 있다. 이것은 교육문제의 해결이 최선의 경제 · 복지 · 사회정책이 될 수 있다는 것을 의미한다. 우리 국민들이 '교육대통령教育大統領'이 나오기를 갈망하는 까닭도 바로 여기에 있다.

교원평가教員評價는
공교육 제자리 찾기의
ABC다

교원능력개발평가에서 우수한 성적을 받은 260명에게는 최대 1년의
학습연구년(안식년)기간이 주어지고 반면 '미흡' 이나 '대우 미흡' 평가
를 받은 1056명의 교사는 장·단기연수를 시키겠다고 밝혔다. 이번
평가결과 공개는 교직 사회에는 큰 자극제가 될 것임은 틀림없다.

교원평가제를 둘러싼 교육주체들의 팽팽한 긴장관계는 어제 오늘의 일이 아니다. 교육당국은 교원들의 직무능력을 평가함으로써 교원능력을 향상시켜 공교육의 수월성秀越性을 높이는 것을 교원평가제의 도입 취지로 내세우고 있다. 반면 전교조에서는 교원평가제를 통해 누가 더 잘 가르치느냐로 교사의 능력과 자질을 평가하고 교사들 간에 경쟁競爭의 논리를 도입하겠다는 것은 받아들일 수 없다고 줄기차게 반대하고 있다. 또한 지금의 교육현장이나 여건이 충분히 고려되어야 하며 시기상조時機尙早라고 주장한다. 그러나 이런 다툼의 내면을 자세히 들여다보면 무능한 교사들의 퇴출문제가 핵심 쟁점이 아닐까 한다. 교원평가제는 평가 그 자체로서 받아들여야 한다. 학교는 교육의 장場이다. 누가 학생들을 더 잘 교육시키는가에 따라 교사들에 대한 평가가 다를 수밖에 없다.

　　비록 전교조에서 교원 평가제를 반대하고 있지만 학생들은 어느 선생님이 이러쿵저러쿵 하면서 냉정한 평가를 하고 있다. 다만 그런 결과들이 집약되고 계량화計量化되지 않았을 뿐이다.

　　대학에서는 이미 수년 전부터 학생에 의한 강의 평가가 실시되고 있다. 대학에서 강의평가제講義評價制가 처음 도입 될 때도 비슷한 진통을 겪었다. 표면적 이유는 학생들이 교수의 강의 내용을 객관적으로 평가할 수 없다는 것이지만 내면에는 피被 교육자인 학생이 감히 어떻게 가르치는 교수를 평가할 수 있느냐는 것이 사실상의 이유였다. 그러나 지금은 강의평가 결과를 대학 자체적으로 공개하는 대학이 있을 정도로 대학교육에 새 바람을 불어넣고 있다는 것이 대체적인 시각이다.

과정이야 어찌되었던 간에 도입 논의에만 10년이 걸린 교원평가제教員評價制가 2010년 처음으로 전면 시행되었다. 교원능력개발평가에서 우수한 성적을 받은 260명에게는 최대 1년의 학습연구년(안식년)기간이 주어지고 반면 '미흡'이나 '매우 미흡' 평가를 받은 1056명의 교사는 장·단기연수를 시키겠다고 밝혔다. 이번 평가결과 공개는 교직 사회에는 큰 자극제가 될 것임은 틀림없다.

최근에는 미국 교원노조(AFT)가 교사를 개혁하라는 거센 사회적 압력을 못 이겨 교원평가와 재교육, 해고解雇 절차를 담은 교원평가 안案을 마련했다고 한다. 구체적인 내용을 보면 '교원평가는 수업계획 평가, 학생성적 등으로 이뤄지며 '불충분'평가를 받은 교원들은 최장 1년까지 연수를 받게 되고 그래도 개선되지 않은 교원을 해고한다'는 것이다.

교원평가제 도입을 둘러싸고 오랜 기간 동안 교육 당국과 교원단체 간에 갈등을 빚어왔던 것은 주지周知의 사실이다. 그렇기 때문에 평가와 내용과 방법 등에 있어 합리적인 방안을 강구함으로써 교원평가제에서 파생될 수 있는 역기능逆機能을 최소화하는 노력을 기울여야 했다. 그럼에도 불구하고 평가결과를 공개한 후에야 교육 당국은 "교원평가 모형개선 방안"을 내어놓았다. 무책임하다 못해 한심한 생각이 든다. 모두를 만족시키는 완전무결한 평가제도를 만드는 것은 불가능할지 모르지만 2011학년도 교원능력개발평가의 개선방향과 개선내용을 보면 조금만 더 성의가 있었더라도 얼마든지 미비점을 보완 할 수 있었을 텐데 하는 아쉬움이 남는다. 개구쟁이 소년은 장난삼아 무심코 돌멩이를 던지지만 개구리에게는 생명에 관한 문제가 된다. 1,000명이 넘는 교사들이 불완전한 교원평가제에 따른 희생양犧牲羊이라고 항변 한다면 교육당국은 어떻게 답할 것인가.

교원임용 教員任用 제도의 개선을 제안한다

신임교원을 임용할 때 임용고시 합격자를 일정 기간 동안 강도 높은 교육을 시킨 후 교단에 서도록 하는 교원임용 제도를 개선할 것을 제안한다. 여기에는 우리나라의 법조인 양성제도를 벤치마킹할 필요가 있다.

현대경제연구원이 2010년 5월 발표한 '사교육 시장의 현황과 대책'이라는 보고서에 따르면, 학부모들은 자녀에게 사교육을 시키는 이유로 정부의 잘못된 입시정책(38%)과 함께 부실한 학교교육(22.9%)을 꼽았다. 학교교육은 '교사'를 통해 이루어지며 따라서 '잠자는 학교'의 1차적 책임은 교육을 담당하고 있는 교사에게 있다. '실력 있는 교사의 교육에 대한 열정熱情과 관심이 교육의 성과를 좌우한다'는 명제命題는 실로 참이 아닐 수 없다. 그러므로 공교육이 제자리를 찾기 위해서는 이들에 대한 정책이 올바로 서는 것이 중요하다. 따라서 기존 교원에 대한 '교원평가제'의 시행과 더불어 신규로 임용되는 교원에 대한 임용제도 개선이 필요하다.

온라인 리서치 전문업체인 엠브레인이 2007년에 전국 중·고등학생 520명을 대상으로 시행한 장래 희망직업 선호도에서 교사라고 답한 학생이 12.3%로 가장 많았다. 교직이 가장 인기 직종인 지금이야말로 교원임용제도를 획기적으로 개선할 적기適期라고 생각된다. 지금까지는 초등교사는 교육대학 출신자 중에서, 중등교사는 사범대학이나 교직과정이 개설된 일반대학 학과 출신자 중에서 광역시·도별 임용고사를 거쳐 임용하고 있다. 그런데 이런 교사선발과 임용방식을 바꾸어보자는 것이다.

교육과학기술부는 2009학년도부터 초·중등 교원 임용시험 방식을 2단계에서 3단계로 바꾸고, 논술·면접시험 비중을 높이는 등 교원 선발 체계를 한층 강화시켰다고 한다. 그러나 이것만으로 부족하다고 생각한다. 교대·사범대 입시에서부터 성적뿐만 아니라 교육에 대한 신념과 아이들에 대한 사랑이 각별하고 다양한 능력과 유연한 사고를 가진 지원자들을 선발할 수 있는 제도적 장치가 마련되어야 한다.

　　블루리본 패널은 미국 내 대표적인 교원교육전문가로 구성된 미국의 전국교사교육인증위원회(NCATE)의 자문 그룹이다. 여기에서 2010년 '효과적인 교사들을 양성하기 위한 국가전략' 보고서를 발간하였는데 그 가장 핵심적인 내용은 의대생들이 임상실습을 중시하는 것처럼 교사 후보생들에게는 교실 현장실습을 대폭 강화하라는 것이었다. 사실 많이 알고 있는 것과 잘 가르치는 것과는 반드시 일치하지 않는다. 교사의 자질에는 전공에 대한 전문지식 못지않게 학생들에게 학습동기學習動機를 부여하고 자기주도自己主導 학습을 유도하는 교육공학적敎育工學的 지식이 중요하다. 그럼에도 우리나라 교원임용제도를 살펴보면 후자에 대한 평가가 소홀이 다루어지고 있다.

　　이런 약점을 보완하기 위해서 신임교원을 임용할 때 임용

고시 합격자를 일정 기간 동안 강도 높은 교육을 시킨 후 교단에 서도록 하는 교원임용 제도를 개선할 것을 제안한다. 여기에는 우리나라의 법조인 양성제도를 벤치마킹할 필요가 있다. 법조인 양성과정을 살펴보면 사법고시를 패스한 예비 법조인들은 2년간 사법연수원에서 법률이론과목은 물론 법원 · 검찰 · 변호사 실무 실습, 법조윤리, 사회봉사연수 등 강도 높은 교육을 받는다. 그런 연후에 사법시험 성적과 연수원 성적을 합산하여 당사자가 원하는 분야에 우선적으로 배정하고 있다. 사법연수원 2년 동안 정말 치열하게 경쟁시킨다고 한다. 교원임용도 지금처럼 임용시험에 합격했다고 곧장 교단에 서게 하기 보다는 사법연수원과 비슷한 교육체제를 갖춘 교원연수원에서 일정기간 동안 강도 높은 실무교육과 직업윤리교육 등을 받게 한 연후에 임용고사 성적과 연수원 성적을 합산하여 임용 등에 우선권을 부여하자는 것이다. '교원임용제도 개선'은 '교원평가제敎員評價制'와 함께 공교육 활성화를 이끌어나갈 수레의 두 바퀴와 같다고 확신한다.

문과文科와 이과理科, 학생의 잠재능력을 일찍부터 제한해야 하나

순간적 선택의 결과로 두고두고 학생들의 미래진로를 제한하는 문과, 이과 구분 제도는 하루라도 빨리 박물관으로 보내야한다. 문과반, 이과 반이라는 말자체가 고등학교 교육현장에서 사라져야 한다.

우리나라에서는 관행적으로 고등학교 교육과정을 문과와 이과로 나눈다. 한국과 일본을 제외하고 선진국 고등학교에서는 그 유례를 찾아볼 수 없는 제도다. 그런데도 우리나라는 이를 금과옥조金科玉條처럼 받들고 있다. 사정이 이렇다 보니 문과를 선택할 것인가 이과를 선택할 것인가 하는 문제는 학생 본인은 물론 학부모들에게도 큰 고민거리이다. 그런데 학생들의 문과와 이과의 선택 기준은 암기과목을 잘 하니까 문과, 수학을 잘하니까 이과 하는 식으로 너무나 단순하다. 수학 I 과 수학 II 가 문과, 이과를 나누는 주요한 기준이 되기도 한다. 사람의 능력을 이렇게 두부모 자르듯 이분二分하는 것은 불가능할 뿐 아니라 비과학적이다. 이과 학생들이 진학하는 상당수 학과는 고급수학이 필요하지 않고, 반대로 경제학과와 같은 경우는 문과로 분류되지만 고급수학이 필수적이다. 문과, 이과를 나누는 역사적 연원을 따라가 보면 경성제국대학京城帝國大學의 예과에 문과文科과정과 이과理科과정이 있고 다시 이과과정을 갑류와 을류로 나누었는데 그 흔적이 21세기에 이른 지금까지도 남아있는 것이다.

　　학문의 영역은 이제 점차 경계가 무너지는 방향으로 나아가고 있다. 많은 전문가들은 21세기에는 학문간 경계가 사라지고 학문상호간 융합融合이 급속히 이루어 질 것이라고 예측하고 있다. 생물학자 월슨은 그의 저서 〈통섭統攝〉에서 '인간 지성의 흐름은 결국 과학과 인문학을 융합하는 방향으로 흘러갈 것'이라고 했다. 이를 반증이라도 하듯 웹사이트 '페이스북'을 창업하여 쇼셜 네트워크 혁명을 주요하고 있는 지커버그는 고등학교 때 그리스 신화 등 서양고전에 심취하였으며 대학에서는 심리학과 컴퓨터공학을 전공했다고 한다. 언제봐도 매력적인 애플社의 로고는 스티브 잡스가 대학에서 서체書體를 공부한 것과 연관이 있다고 전해지고 있다. 롯데그룹의 신격호 회장도 젊은 시절어는 문학에 뜻을 두었다고 한다. 그는 그 동안 자신이 가장 잘한 일 중의 하나가 그룹명을 롯데(괴테의 소설 '파우스트'의 여주인공 이름)로 작명한 것이었다고 술회한 것을 어느 책에서 읽은 적이 있다.

지금의 산업현장은 문과와 이과가 융합된 '퓨전(Fusion)인재'를 원한다. 기술과 시장과 비즈니스는 서로 얽혀있어 어느 한 분야 지식만으로 통하지 않기 때문이다. 산업현장 뿐 아니다. 예컨대 환경문제를 해결하려면 법학, 행정학은 물론 화학, 의학, 사회학 등을 전공한 전문가가 필요하다. 그래서 2008년 서울에서 개최된 Global University Presidents' Summit의 '서울선언'에서 21세기 대학의 지향점指向點으로 학제적 융합지식 구축을 제시한 바 있다.

이러한 시대적 변화에 따르기 위해서도 순간적 선택의 결과로 두고두고 학생들의 미래진로를 제한하는 문과, 이과 구분제도는 하루라도 빨리 박물관으로 보내야한다. 문과반, 이과반이라는 말자체가 고등학교 교육현장에서 사라져야 한다. 다행히 서울대 장기발전위원회에서는 장기발전계획의 일환으로 인문·자연계 구분 없이 신입생을 뽑기로 하였고, 교육과학기술부도 문·이과 구분을 없애는 쪽으로 방향을 잡고 있다니 실로 다행스럽다. 부작용이 심각한 잘못된 제도가 고착되어 있다면 과감하게 바로잡을 필요가 있다.

대입제도,
'미다스의 손'은
없다

이제 교과부도 대입제도에 '미다스의 손'은 없다는 것을 스스로 인정하고 대입제도의 개선에 더욱 신중을 기해야 한다. 자식교육에 지칠대로 지친 이 땅의 상당수 부모들은 입시제도를 조변석개朝變夕改식으로 자꾸 바꾸지 말고, 제발 가만 놔두라고 요구하고 있다.

고3병高三病이 우리나라의 고질적 풍토병風土病이 된지는 이미 오래다. 해마다 대학입시철이 되면 교회나 사찰은 지극 정성으로 기도하는 어머니들로 가득하다. 많은 사람들에게 현실세계에서는 전쟁, 가상현실에서는 지옥이 가장 두렵고 무서운 것이다. 불행하게도 우리나라의 대학입시는 '전쟁戰爭'과 '지옥地獄'으로 일컬어진다. 그렇다보니 OECD국가 중 우리나라 청소년들이 공부하는 시간이 가장 많은 것으로 알려져 있다. 웬만큼 공부하는 고등학교 학생이면 학교나 학원에서 하루 9~10시간 수업을 듣는다. 이런 공부의 스트레스 때문에 청소년 자살률은 OECD 국가 중에서 단연 으뜸이다. 설상가상 부모들은 엄청난 사교육비 때문에 허리가 휘어진다. 그렇다보니 역대 정부는 대학입시제도 개선에 올인하다시피 했다. 광복 이후 대학입시제도는 큰 줄기만 헤아려도 17여 차례나 바뀌었다. 세부사항의 변화는 거의 해마다 있어왔다. 그럼에도 새로운 제도는 또 다른 문제를 야기하면서 오늘의 상황에 이르렀다.

그 동안은 대학에 가고자하는 학생 수에 비해 대학정원이 턱없이 부족해 대학입시가 가열을 빚어왔다. 그러나 지금은 대학정원이 대학진학 학생 수에 비해 많기 때문에 누구나 마음만 먹으면 대학에 갈 수 있다. 그럼에도, 죽기살기식 대입선발경쟁이 벌어지는 이유는 간단하다. 대학입시 과열의 주범은 대학 서열화序列化다. 우리나라에서 선발경쟁이 유난히 격렬한 이유는, 대학 서열이 고착화 되어있는 상황에서 한 단계라도 상위의 대학을 나와야 남보다 나은 인생을 살게 돼있는 사회구조와 닷물려 있기 때문이다. 출신 대학의 서열에 따라 사회적 인정認定과 신분상승의 기회가 달라진다는 것이 엄연한 우리의 현실이다. 이처럼 능력보다 출신 대학의 간판에 따라 얻게 되는 사회적 프리미엄을 우리는 흔히 '학벌주의學閥主義'라고 부른다. 이런 면에서 우리나라의 과열된 선발경쟁은 학벌주의와 뗄 수 없는 관계를 맺고 있다. 지나친 선발경쟁의 근본적 해결책은 학벌주의를 타파하거나 일류대학의 모집 정원을 지금보다 대폭적으로 늘리는 것이다. 그러나 어느 것도 '교육쿠데타'를 일으키지 않는 한 거의 불가능에 가깝다.

그럼에도 교과부가 2011년 11월에 치르게 될 대학수학능력시험을 쉽게 내 각 영역마다 만점자가 1%씩 나오도록 하겠다고 발표했다. 수능을 쉽게 출제하면 과연 사교육이 줄어들까? 천만에 말씀이다. 수능이 변별력을 상실하면 대학은 학생의 수학능력을 변별할 수 있는 새로운 잣대와 방법을 고안해 낼 것이며 이는 오히려 사교육을 부추일 수 있다.

이제 교과부도 대입제도에 '미다스의 손'은 없다는 것을 스스로 인정하고 대입제도의 개선에 더욱 신중을 기해야 한다. 자식 교육에 지칠대로 지친 이 땅의 상당수 부모들은 입시제도를 조변 석개朝變夕改식으로 자꾸 바꾸지 말고, 제발 가만 놔두라고 요구하고 있다. 학생의 대학 선택권과 대학의 학생 선발권을 일정 수준 만족시키면서 대학수학修學의 적격자適格者 선발과 중등교육을 바람직한 방향으로 유도할 수 있는 입시제도가 만들어지면 그것으로 만족해야 한다. 대학입시제도 개편만으로 사교육비를 줄이겠다는 발상은 오히려 교육현장의 혼란만 부추긴다는 것이 그동안의 경험으로 알고 있는 사실이다.

입학사정관(Admissions Officier)제와
개천에서
용龍나기

입학사정관제전형銓衡을 사교육을 받지 못한 학생들을 배려하는 선진 입학제도로 정착 · 발전시키자는 것이다. 미국의 유명대학들도 지적호 기심이나 학습의욕 못지않게 개별학생의 성장환경. 역경극복능력을 깊이 고려하는 경향이 있다.

얼마 전 가수 타블로(이선웅)씨의 학력진위 논란이 인터넷을 뜨겁게 달구었던 적이 있다. 한 다큐멘터리와의 인터뷰에서 일명 타진요(타블로의 학력 증명을 요구하는 단체)관계자는 타블로가 스탠포드에 입학하는 것은 상식상 도저히 있을 수 없는 일이라고 하였고, 이에 대해 스탠포드 관계자 및 재학생들은 스탠포드는 입학 평가 시 '개성'을 매우 중시하기 때문에 타블로는 충분히 입학이 가능하다고 했다. 결국 우리 사회, 나아가 스탠포드 대학 사회까지 뒤흔들었던 이 사건은 입학사정관 제도가 정착 되어 있는 미국 입시제도에 대한 이해 부족에서 일어난 것이었다. '입학사정관제'는 수능 및 내신 뿐 아니라 학생이 가지고 있는 잠재력을 고려하여 신입생을 선발하는 제도다. 이 제도는 이미 미국의 대학에서 100여 년 전부터 시행하고 있는 것으로 우리나라에서는 이를 모델로 3년 전 도입, 시행하고 있다.

정부에서는 입학사정관제 전형의 도입으로 사교육비가 획기적으로 줄어들 것을 기대하고 있지만 현실은 그렇지 못하다. 입학사정관제 전형에서도 교과 성적은 여전히 중요한 요소이며 이것은 미국 대학에서도 마찬가지다.

또한 2009년 한국교육개발원이 학부모들을 대상으로 한 설문조사 결과를 보면 학부모 10명 중 7명은, 입학사정관제전형을 준비하면서 사교육기관을 활용하겠다고 답했다고 한다. 입학사정관제전형 자체가 사교육시장을 위축시키기 보다는, 오히려 또 다른 사교육 시장을 잉태할 가능성이 높은 것이다.

따라서 입학사정관제를 일거에 대학입시와 관련한 모든 문제점을 해결해 줄 만병통치약萬病通治藥으로 보면 안 된다. 입학사정관제를 도입하는 대학에 재정지원까지 해가면서 밀어붙이고 있는 정부나 여기에 호응하여 입학사정관제전형을 급격하게 확대하고 있는 대학의 태도를 우려하지 않을 수 없다. 입학사정관제의 특징은 교과성적 외에 학생이 가지고 있는 잠재력潛在力을 평가해야 하기 때문에 그 기준이 불투명할 수밖에 없다. 따라서 입학사정관제 전형의 최대 아킬레스건은 어떻게 학생과 학부모의 신뢰를 얻을 수 있는가이다. 자녀 교육열이 세계에서 가장 높은 나라인 대한민국에서 이런 불투명한 선발방식에 대해 사회적 합의를 이끌어 내는 것은 대단히 어렵지 않을 수 없다. 이러한 합의를 이끌어 내기 위해서는 입학사정관의 전문성專門性과 대학의 책무성責務性이 전제되어야 한다.

입학사정관에게 가장 중요한 자질은 학생의 잠재력을 알아볼 수 있는 안목眼目, 즉 전문성에 있다. 우리나라와 같이 정해진

입시기간내에 수많은 학생들에 내재되어 있는 잠재력을 볼 줄 아는 안목을 갖춘다는 것은 실로 어려울 뿐 아니라 오랫동안의 노하우가 축적될 때만이 가능하다. 그러나 현재 이러한 전문성을 갖춘 입학사정관이 얼마나 있는가. 이러한 상황에서 졸속으로 입학사정관 전형을 확대 실시하는 것은 얻는 것 보다 잃는 것이 더 많을 수밖에 없다. 아무리 좋은 제도라도 그것을 시행할 수 있는 인프라가 전제되어야 한다. 입학사정관제가 정착하려면 전문성을 갖춘 입학사정관을 확보하고 사정의 결과를 공개하여 투명성을 높여 이 제도에 대한 학생 및 학부모들의 신뢰를 쌓아가야 한다.

저자는 현재의 입학사정관제 전형을 개선하여 사교육에서 소외된 어려운 계층의 자녀들 중 '용龍'을 선발할 수 있는 제도로 발전시켜 봄이 어떨까 한다. 입학사정관전형銓衡을 사교육을 받지 못한 학생들을 배려하는 선진 입학제도로 정착·발전시키자는 것이다. 미국의 유명대학들도 지적호기심이나 학습의욕 못지않게 개별학생의 성장환경, 역경극복능력을 깊이 고려하는 경향이 있다. 미국의 주요대학과 기업들은 소수인종, 여성 등의 사회적 약자를 우대하는 '적극적 차별 철폐정책(Affirmative Action)'을 채택하고 있는데, 쿼터를 설정하거나 가산점을 일률적으로 주는 방식은 2003년 미연방대법원에서 위헌 판결을 받았기 때문에 이 정책을 지속하기 위해 다양한 방식을 고안하고 있다. 어려운 환경에서 열심히 공부하고 좀 더 나은 사회적 지위로 올라서기 위해 애쓰는 학생들에게 '보이지 않는' 가산점을 주고 있는 미국대학의 예를 타산지석他山之石으로 삼을 수 있을 것이다.

왜
대학개혁인가

이제 대학이 살 길은 하나이다. 대학의 패러다임이 변했다는 사실을
인정하고 그것에 걸맞은 대학의 모습을 바꾸어 나가야 한다. 대학이
경쟁력을 확보하기 위해 과감하게 혁신하고 변화하는 것만이 살 길이
다. 차별성 없는 교육과 연구로는 교육 수요자들로 부터 외면당할 수밖
에 없기 때문이다.

#1. 스위스 로잔에 소재하고 있는 세계적인 국제경영개발원(IMD)의 2010년 세계 경쟁력 연차보고서에 따르면, 우리나라의 교육 경쟁력은 조사대상 58개국 중 35위, 대학교육은 46위로 사실상 꼴찌에 가까웠다.

#2. 2010년 영국의 더 타임스와 연구평가기관 톰슨로이터가 실시한 세계대학평가에서 한국의 대학 중 200위권에 포함된 대학은 네 개에 불과하였다.

#3. 한국경영자 총협회가 2005년 전국 100인 이상 536개 기업을 대상으로 조사한 자료에 따르면 대졸신입사원의 재교육에 따른 기업부담이 8조원을 상회한다고 했다. 어느 재벌 그룹 회장은 기업은 불량품을 만들면 리콜을 하는데 대학은 불량인재를 양성하고도 아무도 책임을 지지 않는다고 했다.

#4. 서남표 KAIST총장은 한국의 고등학교 졸업생은 세계 어느 나라에 비해서도 손색이 없으며 이러한 학생들을 글로벌리더로 교육시키지 못 한다면 그것은 대학의 책임이라고 하였다.

#5. '신성장이론'으로 유명한 폴 로머 스탠퍼드대 경영대학원 교수는 한국은 고등학교까지는 교육 시스템이 잘 돌아가는데 비해 대학부터는 교육의 질이 떨어지

는 것이 문제라고 지적했다.

위의 몇 가지 사례들은 한국 대학이 처ㅎ고 있는 현재의 상태를 잘 말해주고 있다. 그럼에도 지금까지 우리나라의 교육개혁은 중등교육과 대학입시제도의 개혁에 초점이 갖추어져 왔다고 해도 과언이 아니다. 그러나 위의 예에서 보듯 우리나라 교육의 근본적 문제점은 대학이 안고 있다.

그렇다면 오늘의 우리나라 대학은 어떤 의기요인을 안고 있는 걸까.

저 출산율과 교육 엑소더스 등에 기인하는 대학진학인구의 절대 수 감소, 정보화情報化, 세계화世界化에 따른 고등교육시장의 개방 등이 대학위기의 외적 요인(95쪽 참조)이라면 천편일률적 학사제도, 학생들의 학습절대량의 부족, 낮은 취업률, 빈약한 교육여건과 교육시설, 취약한 대학재정 등은 대학위기의 내적 요인이라고 할 수 있다.

우리나라 대학생들이 평소 공부하는 량의 부족은 정말 심각하다. (47쪽 참조)

다음은 교육과정의 폐쇄성과 경직성을 들 수 있다.

교육과정은 좋은 인재를 양성하는 청사진과도 같은 것이다. 지식기반사회의 요구에 걸맞게 이미 세계적 대학들은 '융합교육融合敎育', '융합학문融合學問'으로 그 교육 영역을 점차 확대하고 있다. 그런데 우리나라 대학의 교수들은 자기 전공 영역에 높은 울타리를 쳐놓고 그것을 고수하려는 의지가 너무도 강하다. 학과와 학과 사이의 벽도 지나치게 견고하다. 가르치는 내용이 학생들이 장차 지식기반 사회를 살아가는 데 별 도움이 되지 않는다면 무슨 소용이 있겠는가? 실제로 필요한 전문 지식과 대학이 가르치는 지식과의 괴리현상이 너무도 크다는 것이 우리 산업계의 대학교육에 대한 불만이다. 최근 공학 교육과 경영학 분야는 '인정제認定制'가 도입되어 많이 개선되고 있지만 타 분야에서는 아직도 변화의 조짐이 잘 보이지 않고 있다.

다양성을 상실한 획일적인 발전모델과 사회와 산업 수요에 적절히 대응하지 못하는 경직된 교육체계에서 비롯된 교육성과와 연구에 대한 학생, 기업, 정부의 불만은 한국의 대학이 더 이상 '폐쇄된 상아탑'에 머물러서는 안 된다고 경고하고 있다.

그러나 이보다도 훨씬 심각한 문제는 1995년 대학설립준칙주의大學設立準則主義 이후 급격히 대학의 수가 증가한 것에 있다.

이미 우리 대학은 가까운 장래에 진학인구에 비해 대학모집정원이 많은 공급 초과상태에 이르게 되고, 이로 인해 일부대학 내지는 학과의 정원 미달사태가 초래되고 있다. 대학재정의 상당부분을 등록금에 의존하고 있는 우리나라 대학의 현실을 고려할 때 이러한 문제는 심각한 재정 위기로 이어질 수밖에 없다. 이는 적지 않은 대학들의 경우 정상적인 대학 운영이 어렵고 생존도 불투명할 수밖에 없다는 것을 의미한다. 이제 대학이 살 길은 하나이다. 대학의 패러다임이 변했다는 사실을 인정하고 그것에 걸맞은 대학의 모습을 바꾸어 나가야 한다. 대학이 경쟁력을 확보하기 위해 과감하게 혁신하고 변화하는 것만이 살 길이다. 차별성 없는 교육과 연구로는 교육 수요자들로 부터 외면당할 수밖에 없기 때문이다.

대학 개혁의 제일의 第一義는
'공부하는 대학'
건설이다

고등교육대상자 중 대학진학률도 1위지만 이들이 입학하여 졸업하는 졸업율도 세계 1위다. 입학만 되면 졸업은 전혀 문제가 안된다. 이러한 모든 상황들이 복합적으로 작용하여 '공부하지 않는 대학'을 만들어 낸 것이다.

지금까지 우리나라의 교육개혁은 주로 중등교육의 개혁에 초점이 맞추어져 왔다. 그러나 대한민국 교육의 근본적 문제점은 대학이 안고 있다. 스위스 로잔에 소재하고 있는 국제경영대학원(IMD) 발표한 '2010년 세계경쟁력연감'에 의하면 한국은 국가경쟁력國家競爭力 순위에서는 조사대상 58개국 중 23위인데 비해 '대학교육의 사회부합도社會附合度'는 보다도 한참 뒤진 46위에 그쳤다. 이렇듯 우리나라 대학은 여러 가지 문제점을 안고 있지만 그 중에서도 가장 심각한 것은 우리나라 대학생들이 전공 공부를 게을리한다는 점이다. 공부를 열심히 하지 않는 고등학교 자녀를 둔 학부모들이 "우리 집에는 대학생이 한명 있다."고 이야기를 하는 것을 심심찮게 들을 수 있다. 한국의 대학생들은 공부하지 않는 상징처럼 우리 사회에 비치고 있다. 한국의 대학생들은 비싼 등록금을 납부하고도 휴·결강에 손뼉을 친다.

우리 학생들이 공부하지 않는 것은 대학과 학생이 같이 만들어 낸 합작품合作品이다. 우리나라 학생들에게 대학에 입학하였다는 것은 오랜 억압으로부터 해방됨을 의미하며 학생들은 대학에 입학하는 그 순간부터 이제 공부는 끝났다고 생각한다. 게다가 교수도 학부모도 이미 성인인 대학생들에게 관여하지 않는다. 이러한 갑작스런 방임 속에서 학생들이 자율적으로 공부하기를 기대하기 어렵다. 대학생들이 공부를 덜 하는 데는 대학이 제도적으로 방관하고 있는 측면도 있다. 우리나라 대학은 한 학기당 대개 15주 수업으로 구성되어 있고 주 5일제 수업이 태반이니 15(주) × 5(일) × 2학기 = 150일 이라는 계산이 나온다. 여기에 중간고사 기간, 축제, 학술제, MT 등을 빼고 나면 사실상 130일 정도에 불과하다. 방학의 원래 의미는 덥고 추운 기간에는 학교에 나오지 말고 자율적으로 공부하라는 뜻이 담겨 있다. 한국의 대학들은 6월 중순이면 벌써 여름 방학이 시작되고, 11월 중순이 되면 이미 겨울 방학에 들어가 이듬해 3월에 1학기가 시작된다. 1년 365일 중 대학이 문을 열어 놓고 있는 날은 130일 전후에 불과하다. 거의 대부분의 한국 대학이 졸업에 필요한 최소 이수학점으로 140학점을 부과하고 있다. 주당 17.5시간만 강의를 들으면 졸업할 수 있는 것이다. 그러니까 고등교육대상자 중 대학진학률도 1위지만 이들이 입학하여 졸업하는 졸업율도 세계 1위다. 입학단 되면 졸업은 전혀 문제가 안된다. 이러한 모든 상황들이 콕합적으로 작용하여 '공부하지 않는 대학'을 만들어 낸 것이다.

이에 비해 세계 선진대학의 학생들은 공부로 날이 새고, 공부로 날이 진다. 매 시간을 쪼개어 써야 할 만큼 절대 학습요구량이 많다. 미국 스탠퍼드대학의 학생 1인당 하루 평균 개인학습

량은 수업을 제외하고도 8시간 정도라고 한다. 먹고 자는 시간 빼고 대부분 공부한다는 말이 된다. 미국의 스탠퍼드대학, 영국의 옥스퍼드대학, 중국의 칭화대는 180학점을 취득하여야만 졸업이 가능하다. 이들 대학의 학생들에겐 새벽 2,3시 까지 공부하는 것은 당연한 일이다. 매주 읽어야 하는 자료의 양도 엄청나다. 게다가 선진국 대학에서는 학점 따기가 하늘의 별따기다. 옥스퍼드대학교에서는 학점 스트레스 때문에 매년 800여명이 정신과 상담을 받는다고 할 정도이다. 상대평가相對評價로 학점을 주는 싱가포르 대학에서도 원칙과 달리 수강생 전부가 D학점을 받는 경우도 흔히 있다고 한다.

최근에는 우리나라 대학들도 많이 변하고 있다. 그러나 학령인구의 감소추세, 정보화情報化, 세계화世界化라는 외부환경의 급박한 변화를 고려할 때 더 빠르게 변해야 한다. 대학이 가지고 있는 방대한 지적, 물적 자원을 일년 중 절반이상을 놀린다는 것은 어떤 의미에서 국가적 손실일 수 있다. 새롭게 전개되는 패러다임에 적응할 수 있도록 노력해야 한다. 계절학기季節學期를 운영하는 대학들도 있지만 본격적인 쿼터제의 도입, 전문분야의 주말대학(Week-end University) 운영, 평생교육(Life-long Education)의 활성화 같은 것도 검토해 볼만한 제도다.

대학의
구조조정과
공동펀드 조성

통·폐합되거나 퇴출되는 대학의 학생·교수·교직원의 피해가 최소화되도록 정부와 대학이 공동으로 구조조정기금을 조성해 지원하는 방안을 적극 검토할 필요가 있다. 향후 대학사회에 밀어닥칠 대혼란은 대형 금융기관 한 두 개가 문 닫는 것보다 훨씬 더 심각할 수 있기 때문이다.

교육과학기술부가 학자금 대출한도를 제한받는 30개 대학의 명단을 공개했다. 교과부의 이번 방침은 교육여건과 교육의 질이 상대적으로 떨어져 학생충원에 어려움을 겪고 있는 대학들을 간접적으로 공개해 대학 구조조정을 유도하려는 의도에서 비롯된 것이다. 2010년 현재 고3 재학생 수는 62만 4,000명이지만 2020년에는 대학 신입생 선발인원(60만 명)보다도 적은 49만 명 수준이 될 것으로 교과부는 보고 있다. 이 인원이 2022년 42만 680명, 2030년 37만 1,770명으로 급감해 대학의 구조조정이 불가피한 실정이다. 지원자보다 대학모집정원이 많은 '정원역전'이 현실화되는 상황 속에서 학생 수 부족으로 곤란을 겪는 한계 학과나 대학은 퇴출을 피할 수 없는 현실이 다가오고 있다.

한국 대학의 백화점식 팽창주의 운영은 이제 스스로 그 한계를 드러내고 있다. 대학의 구조조정은 궁극적으로 학과통·폐합, 대학간 빅딜, 한계대학의 퇴출로 이어질 수 밖에 없다. 혹자는 향후 대학사회가 겪을 이런 위기국면을 "빙하기(Age of Ice)" 또는 "메가 쓰나미"로 표현하기도 한다. 위기국면을 타계하기 위한 대학의 구조조정은 물론 어디까지나 시장경제의 틀 속에서 각 대학들이 자율적으로 선의善意의 경쟁을 통해 물 흐르듯 자연스럽게 이루어져야 한다.

그런데 대학의 생존과 대학 구성원 개개인의 생존이 맞물려 있는 상황에서는 대학만의 힘으로 이 난관을 돌파하기엔 힘이 부칠 수밖에 없다. 정부의 도움이 필요하다.

대한무역투자진흥공사(KOTRA)가 산하 외국인투자유치 전담조직인 '인베스트코리아'를 통하여 주요 외국인투자기업, 투자자문단 등을 상대로 한국의 투자 매력 10대 요인을 조사, 평가한 결과를 2005년 4월 6일 발표한 적이 있다. 그 때 외국인 투자기업의 최고경영자(CEO)들은 그들이 한국에 투자하는 첫 번째 이유가 좋은 교육을 받은 우수한 인적자원(人的資源)이 있기 때문이라고 입을 모아 말했다. 우리나라의 이런 우수한 인적자원의 상당수는 대학들이 키웠다. 어디 그뿐이겠는가. 세계의 많은 나라들이 부러워 할 정도로 우리나라가 경제적 기적을 이룩할 수 있었던 것도 따지고 보면 대학이 가지고 있는 지적 자산(知的資産)이 큰 토대가 되었다는 것을 누구도 부인하기 어려울 것이다.

뿐만 아니라 우리나라 대학이 겪고 있는 현재의 위기국면은 대학 자체가 초래한 측면도 있지만 정부도 결코 그 책임으로부터 자유로울 수 없다. 사실 우리나라 고등교육의 역사를 되돌아보면 대학설립이나 증과·증원은 지금까지 한 번도 대학의 자율에 맡겨 진 적이 없었다. 언제나 정부의 인가나 승인을 받아왔다. 2,000년대 초가 되면 대학진학 인구가 감소하여 지금과 같은 대학의 위기가 충분히 예견 가능했음에 불구하고 정부는 대학설립 준칙주의準則主義니 졸업정원제卒業定員制니 하면서 대학의 정원을 늘렸다. 여기에는 대통령 직선제를 실시하면서 전국 각지에 대학을 만들어 주겠다고 공약했던 정치권도 단단히 한 몫을 했다.

여기에다 지금 상당수의 교수들은 65세까지 정년을 보장받고 있을 뿐 아니라 '교원지위향상敎員地位向上을 위한 특별법'으로 신분을 보호받고 있다. 특별법 제6조 1항은 '교원은 형刑의 선고, 징계처분 또는 법률로 정하는 사유에 의하지 아니하고는 그 의사에 반하여 휴직·강임降任 또는 면직을 당하지 아니한다.'라고 적시適時하고 있다.

이런 현실 속에서 통·폐합되거나 퇴출되는 대학의 학생·교수·교직원의 피해가 최소화되도록 정부와 대학이 공동으로 구조조정기금을 조성해 지원하는 방안을 적극 검토할 필요가 있다. 향후 대학사회에 밀어닥칠 대혼란은 대형 금융기관 한 두 개가 문 닫는 것보다 훨씬 더 심각할 수 있기 때문이다.

'노블레스 오블리주'와 전인교육全人敎育

한 나라의 흥망성쇠興亡盛衰는 그 나라 지도층의 능력과 도덕성道德性에 의해서 결정되어진다. 우리 교육도 아이들이 어릴 때부터 함께 더불어 살아가는 공동체 의식을 배양하도록 하고 궁극적으로 '노블레스 오블리주'를 실천하는 사회 지도층을 길러내는 것을 장기적 목표로 하여야 한다.

'노블레스 오블리주'란 초기 로마시대 왕과 귀족들이 실천하였던 봉사, 기부, 헌납 등 투철한 도덕의식에서 비롯된 말로 높은 사회적 신분에 상응하는 도덕적 의무義務를 뜻한다.

　　세계에서 가장 돈이 많은 사람으로 빌 게이츠와 워렌 버핏을 꼽을 수 있다. 빌 게이츠는 세계에서 가장 규모가 큰 '빌 앤 멜린다 게이츠 재단'을 설립하여 전 세계 인류의 질병과 가난 퇴치 사업에 주력하고 있다. 워렌 버핏은 자신의 재산 중 85%인 375억 달러를 '빌 & 멜린다 게이츠 재단'에 기부하겠다고 밝혔다. 또한 버핏은 게이츠와 더불어 전 세계 갑부들을 대상으로 '자기 재산의 절반이상을 기부하자'는 기부 서약(The Giving Pledge) 운동을 시작하여 이미 상당한 실적을 거두고 있다고 한다. 빌 게이츠와 워렌 버핏은 '노블레스 오블리주'를 실천하는 우리시대의 표상表象이다. 지금 미국의 도처에 있는 수많은 자선재단과 대학 그리고 연구소들은 독지가들의 기부에 의해 설립되었다. 미국 내 자선재단의 효시嚆矢는 우리에게 철강왕으로 익히 알려진 앤드류 카네기가 1911년에 설립한 '카네기 재단'이며, 현재까지 6만 여개의 자선재단이 설립되었다. 이름만 들어도 알 수 있는 하버드, 프린스턴, 스탠포드, 예일, 코넬, 듀크, 카네기 멜론 대학 등은 모두 돈을 기부한 설립자의 이름을 따서 만든 대학들이다.

미국사회를 떠받치고 있는 이런 '노블레스 오블리주'의 전통은 '돈 버는 법' 뿐 아니라 '돈 쓰는 법'을 교육하는 것으로부터 비롯된다. 몸소 나눔을 실천하여 모범을 보이고, 이를 통해 자녀들에게 이제까지 사회에서 받은 혜택을 사회에 되돌려주는 것을 가르치는 것이다.

우리나라에도 '노블레스 오블리주'의 전통이 없는 것은 아니다. '청백리淸白吏' 정신이 그것이다. 맹사성, 황희, 유성룡, 이항복 등이 보여준 청백리들의 고결한 인격과 멸사봉공滅私奉公의 정신은 조선을 지탱한 튼튼한 버팀목이었다. '노블레스 오블리주'하면 경주 최부자집의 가훈家訓도 빼놓을 수 없다. 1년에 1만석 이상의 재산은 이웃에 돌리고, 사방 100리 안에 굶어 죽은 이가 없게 하라는 최부자집 가훈은 이웃과 사회에 대한 도덕적 책임의식을 보여준다. 일생을 통해 일구어낸 자신의 전 재산을 사회에 되돌려주고 떠난 유일한 박사, '기부천사'로 알려진 가수 김장훈 등은 우리시대의 '노블레스 오블리주'를 보여주는 분들이다. 이들 뿐 아니라 이름도 알리지 않고 뒤에서 몰래 조용히 기부어 동참하는 '이름 없는 기부천사天使'들도 많이 있다.

그럼에도 불구하고 오늘 날 한국 사회의 지도층들의 '노블레스 오블리주'에 대한 전통이 미흡한 것이 사실이다. 왜 그럴까. 전인교육全人敎育이 지향하는 바는 지知·덕德·체體 즉 지적으로, 도덕적으로, 신체적으로 조화를 이룬 온전溫全한 사람을 길러내자는 것이다.

그런데 요즘 집이나 학교에서 아이들에게 온통 공부만을 강요한다. 그렇다 보니 전인교육全人敎育이 비집고 들어갈 틈새가 없다. 여기에다 우리나라 지도층의 상당수는 고시왕국考試王國이라는 말이 의미하듯 필답고사를 통해 선발된 암기력 선수들이라고 할 수 있다. 그렇기 때문에 지도층의 공동체에 대한 책임감이나 소명의식召命意識은 약할 수밖에 없다. 청문회가 열릴 때마다 자녀들의 병역기피 의혹부터 위장전입, 부동산 투기에 이르기까지 비슷비슷한 과거들이 들춰지고, 잊을만하면 어김없이 언론을 통해 고위층 인사들의 부정부패 관련 소식이 터져 나오는 것도 이 때문인지도 모른다.

한 나라의 흥망성쇠興亡盛衰는 그 나라 지도층의 능력과 도덕성道德性에 의해서 결정되어진다. 우리 교육도 아이들이 어릴 때부터 함께 더불어 살아가는 공동체 의식을 배양하도록 하고 궁극적으로 '노블레스 오블리주'를 실천하는 사회 지도층을 길러내는 것을 장기적 목표로 하여야 한다. 사회지도층들이 '노블레스 오블리주'를 실천하여 국민으로부터 진정으로 존경받는 계층으로 자리매김할 때 비로소 진정한 선진국先進國이 될 수 있기 때문이다.

교육
Korea
30

chapter 2 :

우리 교육의
위기와 기회

사교육 私教育 과의
전쟁?

사교육비를 줄이는 길은 학벌중심學閥中心사회에서 능력중심能力中心
사회로의 이행, 대학서열구조의 타파, 공교육의 사교육 능가 등이 근본
처방이 될 수 있지만 어느 것 하나도 만만한 것이 없다. 안타깝지만
사교육비는 지금보다 급격하게 늘지도 않겠지만 그렇다고 획기적으로
줄어들지도 않을 것이다.

이명박 정부가 사교육과의 전쟁을 선포했다. 정부의 속사정을 이해 못할 바도 아니다. 연간 21조 6,000억원(2009년 통계청 자료)에 이르는 엄청난 사교육비 부담은 젊은 세대의 출산기피, 가계의 노후 준비 소홀, 높은 부패 지수, 기업의 노사 분규에도 직·간접적으로 영향을 미치는 중대 사항이기 때문이다. 이런 사회·경제적 폐해 때문에 역대 정부들도 나름대로 사교육비를 줄이기 위한 대책을 내어 놓았었다. 1968년 중학교 무시험 입학정책의 도입을 비롯 고교평준화정책, 과외전면금지, EBS수능방송 등이 대표적인 사례들이다. 그러나 이들 정책을 비웃기라도 하듯 사교육은 번창일로繁昌一路를 걸어 오늘에 이르고 있는 것이다.

　　이명박 정부의 미래기획위원회 교육개혁 TF팀이 교과부, 보건복지부와 함께 만든 '인재양성과 중산층을 지키기 위한 사교육비 절감 종합대책'을 내놓았다. 심야 학원 교습 법제화, 특목고 입시에서 내신 반영 전면 폐지, 순수 추첨제를 통한 자율형 사립고 학생 선발, 대학입시에서 고1 내신 반영 금지, 고교내신의 절대평가로의 전환, 계열별 수능 과목 반영 비율 조정 등으로 그 내용을 요약할 수 있다. 그러나 '학파라치'라는 신조어新造語를 만들어 내면서까지 사교육비 절감 종합대책을 내어 놓았지만 교과부가 2009년 12월 시행한 설문조사 결과를 보면 학부모 대부분은 2008

년보다 2009년에 사교육비가 '늘었다'(44.4%)거나 '비슷하다'(51.1%)고 응답했다. 정부의 전全 방위적 대책에도 불구하고 왜 사교육비가 줄지 않는 걸까.

한국교육개발원(KEDI)은 2009년 전국 107개 고교생 1만 335명 중 사교육을 받았다고 밝힌 6,600명을 대상으로 학교 교사와 학원 강사의 차이와 만족도를 조사하였다. 조사 결과 교과전문성, 수업에 대한 열의, 수업만족도 심지어 인성人性 함양 부분에서도 학원강사가 학교교사보다 월등히 앞서 있다는 것이었다.

좋은 대학과 학생이 가고 싶어 하는 학과의 정원은 정해져 있다. 대학입시는 이들 대학의 한정된 인원 안에 들어야 합격할 수 있는 제로섬 게임이다. 어느 한 쪽의 승리는 반드시 다른 쪽의 패배를 전제로 한다. 이 같은 경쟁에서 승리할 수 있는 유일한 길은 잠재적인 경쟁자들보다 더 좋은 점수를 받는 것이다. 이를 위해서 많은 학부모들은 사교육이 공교육을 앞서고 있다는 확신 속에 사교육 시장으로 나선다. 명문 대학을 향한 학부모들의 강렬한 열망이 사교육의 진원지震源地 역할을 하고 있다. 이 땅의 학부모들은 사교육의 피해자이면서 또한 후원자인 셈이다.

따라서 사교육과의 전쟁 결과는 사뭇 비관적일 수밖에 없다. 정부는 사교육과의 전쟁을 선포했지만 학부모들은 사교육을 등에 업고 대학입시와 전쟁을 치르고 있기 때문이다. 사교육을 더 신뢰하는 학부모라는 든든한 후원군이 있는 한 사교육은 결코 손을 들지 않을 것이다. 사교육 시장만큼 철저하게 '수요와 공급'의 시장원리가 작동하는 곳도 드물다. 수요가 많은데 학원 단속으로 사교육의 공급을 강제적으로 줄이면 '고액과외' 같은 파생상품 派生商品들이 은밀한 곳으로 파고든다는 것을 우리는 그 동안의 경험을 통해 잘 알고 있다.

혹자는 입학사정관제 전형 등으로 대입제도를 바꾸고, 공교육이 활성화되면 사교육의 기세가 꺾일 것이라고 주장한다. 조금은 나아지기는 할지 몰라도 이는 사교육비를 줄이는 근본적인 처방이 될 수 없다. '성적－일류대학－사회적 성공'이라는 가치도 식이 사회저변에 만연해 있는 현 상황에서는 사교육 문제의 해결책이 도저히 보이지 않는다. 사교육대책을 세운다고 매년 입시제도를 바꾸고 복잡하게 만들면 순발력 있는 사교육은 늘어나게되어 있고 그 폐해는 고스란히 학생, 학부모에 돌아간다. 정부는 대학입시정책을 통해 단시간에 모든 것을 해결하겠다는 조급증에서 벗어나야 한다. 오랜 시간을 두고 형성된 가치관 혹은 문화는 그렇게 쉽게 바뀌지 않는다. 사교육비를 줄이는 길은 학벌중심學

閥中心社회에서 능력중심能力中心사회로의 이행, 대학서열구조의 타파, 공교육의 사교육 능가 등이 근본처방이 될 수 있지만 어느 것 하나도 만만한 것이 없다. 안타깝지만 사교육비는 지금보다 급격하게 늘지도 않겠지만 그렇다고 획기적으로 줄어들지도 않을 것이다.

교육정책의 모순이
가져오는
후유증 *後遺症*

교육은 국가의 근간을 형성하는 것이다. 교육정책의 모순이 가져오는
후유증은 우리 사회의 근간을 흔들 수밖에 없음을 정부는 유념**留念**하
여야 한다.

모순矛盾이란 '말이나 행동이 앞뒤가 서로 맞지 않음'을 일컫는다. 길을 건널 때는 신호등이 적게 느껴지고 차를 운전할 때는 신호등이 유난히 많게 느껴지는 것은 우리의 의식 속에 내재된 사고의 모순 때문이다.

개인적 차원의 모순된 행위는 그 해악害惡이 대개 개인에게만 국한되지만 정부의 모순된 정책 집행은 그 후유증後遺症이 자못 클 수밖에 없다.

미국과 같은 선진국에서는 마약으로 선포하고 있는 담배와 같은 백해무익百害無益한 것을 우리 정부에서는 전매권專賣權을 가지고 독점판매하고 있다.

흡연이 국민의 건강에 미치는 폐해를 고려해 볼 때 담배에 대한 정부의 태도는 모순되기 그지없다.

특히 백년지대계百年之大計라는 교육제도에 있어서의 모순된 정부 정책은 사회에 심각한 영향을 미친다.

저 출산율에 기인한 학령인구의 감소는 오래전부터 예견되었음에도 정부는 졸업정원제卒業定員制니, 대학설립준칙주의大學設立準則主義니 하면서 대학정원을 늘려주었다. 심지어 특정 지역에는 국립대학 신설을 허용해주기까지 했다. 그렇게 해놓고 이제 와서 교육과학기술부는 기회만 있으면 대학특성화大學特性化와 더불어 대학 간 통·폐합(M&A)을 강요하다시피하고 있다. 분명 모순임에 틀림없다.

한때 정부는 한 가지만 잘하면 누구나 대학에 갈 수 있게 하겠다고 공언했다. 이른바 '이해찬 1세대'의 이야기다. 이를 믿고 따랐던 학생과 학부모들은 큰 낭패를 보았다.

교육부는 많은 인센티브를 주면서 각 대학에 학부제學部制와 의학전문대학원醫學專門大學院을 강요하다시피 했고 많은 대학들이 이에 따랐다. 그러나 대부분의 대학들은 학부제에서 학과제로 전환하였고, 의학전문대학원도 두세개 대학을 제외하고는 연차적으로 모두 과거 6년제 의과대학으로 환원계획을 밝히고 있다. 의학전문대학원 진학에 유리한 학과에 진학한 학생들에게는 이만저만한 낭패가 아니다.

전교조와 팽팽한 줄다리기 속에 10년 이상 끌어온 교원평가제를 2010년 처음으로 시행하고 1,000명이 넘는 교사들에게 의무연수명령을 내렸다. 예사로운 일은 아닌데 정책당국은 일을 터트려놓고 문제점이 발견되니까 지금에 와서 평가방법의 개선책을 모색하고 있다고 한다.

정부는 사교육私敎育과의 전쟁을 선언했다. 사교육과의 전쟁에서 적敵은 사설학원들일 수밖에 없다. 그렇다면 사설학원들을 누가 허가하였고, 누가 학원으로부터 세금을 거둬들였는가. 바로 정부다. 버젓이 허가해 놓고 이제는 또 그들과 전쟁을 벌이겠다니 모순 아니고 무엇인가.

2009년 6월 교과부는 고교 다양화 프로젝트의 핵심과제로 자율고自律高 100개 양성 계획을 발표했다. 이는 이명박 정부의 핵심 교육정책 중 하나라고 할 수 있다. 그런데 자율고로 지정된 서울지역 26개 자율고 중 12곳에서 정원미달 사태를 빚었고 추가모집에서도 정원을 채우지 못한 자율고가 9곳에 이르렀다. 서울지역 자율고의 무더기 미달사태는 이미 충분히 예견할 수 있었다고 할 수 있다. 무늬만 자율고이지 가르치는 교사와 교육과정도 일반고와 별 차이가 없고 등록금이 세 배 가까이 높을 뿐만 아니라 대입 때 내신에서 불리할 수도 있는데 어느 학생과 학부모들이 자율고를 선호하겠는가? 더 큰 문제는 교육과학기술부가 대통령의 공약이행 차원에서 무리하게 자율고 확대 정책을 밀어 붙여놓고 학생모집에서 대량미달 사태를 빚자 자율고의 지정과 취소는 교육감의 고유권한이라고 책임을 회피하고 있다는 사실이다.

정부의 정책을 믿고 그에 따랐던 사람들은 모순된 정책의 집행 속에 허공 속에 붕 뜨게 된다. 개개인의 미래에 직접적인 피해를 입히는 것은 말할 필요조차 없다. 모순도지 않은 정부가 되기 위해서는 좀 더 구체적이고 면밀히, 각 교육 주체의 입장에서 입체적으로 새 제도를 연구하고, 수행하는 한 편, 그 결과가 예상과 다르게 나타날 경우 책임을 지는 모습을 보여야 한다. 교육은 국가의 근간을 형성하는 것이다. 교육정책의 모순이 가져오는 후유증은 우리 사회의 근간을 흔들 수밖에 없음을 정부는 유념 留念하여야 한다.

영재英才교육과
'로봇영재'의
죽음

영재교육英才敎育이란 다양한 수준의 학생들이 자신이 도달할 수 있는
최고의 성취를 이루도록 지원하는 수월성秀越性 교육의 한 부분으로,
학생 개개인이 가지고 있는 특정 부분에서의 재능과 잠재력을 최대한
발전시키고 끌어올리는 것을 추구한다.

세계는 이미 생산성 중심의 산업시대로부터 창의성이 중시되는 지식기반시대로 진입했다. 부를 창출하는 기반이 토지, 노동, 자본에서 지식으로 변화한 것이다. 마이크로소프트의 빌게이츠, 아이폰을 개발한 스티브 잡스, 페이스북을 창업한 마크 주커버그, 3D영화 '아바타'를 만든 제임스 캐머런 감독은 전 세계인의 우상이 되고 있다. 오늘 날 국가의 미래를 이끄는 것은 이들과 같은 창의력創意力과 지식知識으로 무장한 고급두뇌들이다. 국가적 차원에서 지식기반 사회에 걸맞는 창의적 인재양성에 힘써야만 21세기에도 살아남을 수 있다. 때문에 세계 각국은 이미 창의적 인재 양성에 국가의 명운命運을 걸다시피하고 있다. 미국 오바마 대통령이 최우선 역점사업으로 내세우는 혁신교육의 핵심도 바로 창의력 배양이다. 창의력은 새로운 무엇인가를 만들어 내는 즉 새로운 기술, 새로운 도구, 새로운 상품, 새로운 생각, 새로운 방법, 새로운 이론, 새로운 사상을 만들어 내는 힘이다. 따라서 창의력이 높은 인재, 즉 영재란 여러 가지 문제해결 경험이 많으며 목적을 실현하기 위한 상상력과 아이디어가 많은 학생을 의미한다. 영재는 예능, 과학과 기술, 스포츠 등 여러 가지 영역과 분야에서 존재한다.

그런데 불행히도 우리나라는 창의력이 높은 인재, 즉 영재를 발굴하고 교육하는 시스템이 OECD 국가 중 가장 뒤처진 국가에 속한다.

　　모든 사람은 자신만의 독특한 잠재적 영재성英材性을 가지고 있다.

　　교육을 뜻하는 'educate'는 '끌어내다'라는 뜻을 가진 라틴어원 'educare'에서 나왔다. 교육을 통해 학생들이 자신의 영재성이 무엇인지 찾고 그것을 끄집어 낼 수 있도록 해야 한다.

　　그럼에도 우리 아이들은 실력에 관계없이 똑같은 교과서로, 똑같은 진도에 따라, 똑같은 시간표로 배우고 있다. 개인의 적성과 흥미와 능력이 모두 무시된 획일화劃一化된 교육이 학생의 지적 호기심好奇心을 자극할 리 없다. 더군다나 지금까지의 우리나라 교육은 학생이 가지고 있는 특기나 적성을 대부분 배제하고 다방면에 걸쳐 어중간하게 잘하는 오리형 인재를 요구해 왔다. 그리고 이러한 오리형 인재만이 대입제도 속에서 살아남아 명문대학에 진학 할 수 있었다. 오리는 날기도 하고, 뛰기도 하며, 헤엄치기도 하지만 새처럼 잘 날지도, 표범처럼 잘 뛰지도, 물고기처럼 잘 헤엄치지도 못한다. 역설적이게도 학생들의 영재적 잠재성을 훼손하고 창의성의 계속적 계발을 영영 어렵게 만들고 있는 요인이 바로 우리 교육제도였던 것이다.

영재교육英才教育이란 다양한 수준의 학생들이 자신이 도달할 수 있는 최고의 성취를 이루도록 지원하는 수월성秀越性 교육의 한 부분으로, 학생 개개인이 가지고 있는 특정 부분에서의 재능과 잠재력을 최대한 발전시키고 끌어올리는 것을 추구한다. 다시 말해 영재교육은 잠재적 영재성을 가지고 있는 아이들을 대상으로 그 영재성을 끄집어내어 발전시킬 수 있도록 하는 교육적 노력이라고 할 수 있다.

어릴 때부터 학생들의 적성을 파악해 맞춤형 영재교육을 실시하기 위해서는 영재성을 변별할 수 있는 전문 도구를 개발할 필요가 있다. 또한 영재의 발굴 못지않게 누가, 어떤 내용을 어떻게 가르치게 할 것인가에 대한 '영재교육의 내실화內實化'도 아울러 추구해야 한다. 영재교육의 기본 철학은 모든 아동들이 자신의 능력, 흥미, 학습양식에 알맞은 교육을 받아야 한다는 것이다. 영재로 판별되어 영재교육을 받더라도 이러한 개인적 특성에 대한 고려가 없다면 그것은 이미 영재교육이 아니다. 영재교육의 본질을 지키기 위해서 중요한 것은 전문적이고, 효율적인 영재교육의 인프라를 구축하는 일이다.

이런 측면에서 세계 로봇왕의 꿈을 이루기 위해 입학사정관제 전형을 통해 카이스트에 진학했으나 대학생활에 적응하지 못하고 자살로 생을 마감한 '로봇영재'의 안타까운 사연은 우리 모두에게 많은 것을 생각하게 한다.

　　우리는 지금 창의적 인재들이 만들어 내는 아이디어가 국가의 미래를 책임질 수 있는 세상에 살고 있으며 그들을 발굴하고 키우는 것은 결국 국가의 몫일 수밖에 없다.

꼴찌에게
보내는
갈채

기초 학력學力이 부족하거나, 학교 교육에 소외된 아이들에 대한 개별 맞춤식 교육이나 대안代案교육 같은 교육정책적 배려도 확대할 필요가 있다. 학교의 우등생이 사회의 열등생이라는 말이 있듯이 공부를 못한다고 다른 일도 못할 것이라는 사회적 편견 때문에 이들기 좌절의 늪에 빠져들게 해서는 안 된다.

송宋나라 때 요주饒州라는 고을에 주천석이라는 신동이 있었다. 어린 나이에 사서삼경을 줄줄 외우자 조정에서 신동과거神童科擧라는 제도를 두어 발탁, 분에 넘치는 벼슬을 주었다. 그러자 요주에서는 아이들이 대 여섯 살만 되면 사서삼경을 가르치고 죽롱竹籠 속에 새처럼 가두어 두고 외우기를 강요했다. 요주는 신동의 고장이라는 소문이 퍼져 많은 부모가 아이들을 데리고 요주로 이사하였다. 그러나 이로 인해 많은 아이들이 죽거나 미쳐버리기도 했고, 천신만고 끝에 신동과거를 통해 급제한 아이들마저, 현장에서는 전혀 기대이하의 결과를 보였다. 마침내 나라에서는 이 제도를 폐지廢止하고 닭장에 가두는 행위를 법으로 금禁했다. 이처럼 "요주신동"은 실패한 교육의 본보기로 오늘도 회자膾炙 되고 있다. 상황만 약간 다를 뿐 우리의 교육현실은 '요주신동饒州神童'보다 나을 것이 하나도 없다. 백 미터 달리기의 출발선상에 아이들을 세워두고 일제히 달려 나가게 해놓고는 상위 몇 등까지 만을 주인공으로 만들고 나머지 아이들을 박수나 치는 구경꾼으로 전락시키는 것이 오늘날 우리 교육의 현실이다.

박완서가 쓴 〈꼴찌에게 보내는 갈채〉의 주인공主人公 화자는 우연한 기회에 마라톤 경기를 관전하게 된다. 운동장의 모든 관중들은 1등을 한 선수에게 우레와 같은 박수를 보냈다. 한참

후에야 꼴찌 주자가 경기장에 모습을 드러냈고, 사람들은 그의 고통스럽지만 거룩해 보이기까지 한 모습에 숙연한 분위기가 된다. 관중들은 고독하고 힘들지만 마지막까지 포기하지 않고 최선을 다해 뛴 꼴찌주자에게 열렬하게 성원을 보내면서, 모든 영광은 1등에게만 있는 것이 아니라 최선을 다한 꼴찌에게도 있다는 것을 깨닫게 된다는 내용이다.

교육선진국에서는 초등학교 때부터 교사가 아이의 개성과 발달과정을 꼼꼼히 기록하고 "무엇을 하면 좋겠다."라는 의견을 내고, 대학에서는 교사의 의견을 참고하여 학생을 선발하는 시스템이 근간을 이루면서 건강한 교육풍토敎育風土를 이루어왔다. '이해찬 세대'란 당시 교육부장관이었던 이해찬이 '한 가지만 잘 해도 대학 간다.'고 공언했고, 그것만을 믿었다가 낭패를 보았던 세대를 일컫는다. 지금은 교육을 망친 것으로 매도되고 있지만 그 취지만은 옳다고 생각한다. 영어, 수학 성적이 다른 학생들에 비해 뒤떨어져도 한 가지만 잘해도 대학갈 수 있는 '희망의 사다리'는 꼭 필요하다. 김연아와 박태환은 좋은 본보기 중의 하나라고 할 수 있다. 지금 많은 대학에서 시행하고 있는 입학사정관제 전형銓衡은 한 가지만 잘해도 대학 갈 수 있게 해주는 좋은 방법 중의 하나이다. 국가의 미래를 위해서는 영재英材교육도 물론 필요하다. 그에 못지않게 기초 학력學力이 부족하거나, 학교 교육에 소외된 아이들에 대한 개별 맞춤식 교육이나 대안代案교육 같은 교육 정책적 배려도 확대할 필요가 있다. 학교의 우등생이 사회의 열등생이라는 말이 있듯이 공부를 못한다고 다른 일도 못할 것이라는 사회적 편견 때문에 이들이 좌절의 늪에 빠져들게 해서는 안 된다.

'낙망은 청년을 죽이고 청년이 죽으면 나라가 죽는다.'는 도산 선생의 말씀을 새삼 되새길 필요가 있다.

체벌,
선생님의 양식 良識에
맡겨두자

교육현장에서의 매는 고도의 전문적 판단이 필요하며 그런 문제는 행정지시사항으로 일방적으로 정할 것이 아니라 선생님의 양식을 믿고 교육현장의 자율적 기능에 맡겨두는 것이 좋지 않겠는가 하는 생각이 든다.

TV에서 선생님이 학생에게 폭력을 휘두르는 장면이 방영되어 우리 사회에 큰 충격을 주었다. 그런 일이 있은 얼마 후 서울시 교육청은 체벌전면금지 방침을 밝혔고 2010년 11월부터 시행에 들어갔다. 체벌은 금지하되 문제학생은 성찰省察교실에 격리하거나 학부모소환 면담제를 통해 지도하도록 하는 지침을 일선학교에 시달하였다. 경기도 교육청도 2010년 10월에 체벌금지를 핵심내용으로 하는 학생인권조례를 만든 후 2011년 새 학기부터 시행하겠다고 방침을 밝히고 있다. 교과부도 현재 체벌을 교육상 불가피한 경우 예외적으로 허용하고 있는 법령을 개정하여 체벌을 전면 금지하는 대신 서있기, 팔굽혀펴기, 출석정지와 같은 간접체벌 조항을 학칙에 명기明記하는 내용을 법령화하여 2011학년도부터 초·중·고교에 적용할 방침이라고 한다.

그런데 최근에는 교실에서 학생에 의한 교권敎權 침해가 위험 수위에 이르고 있음을 보여주는 사례들이 하루가 멀다 하고 보도되고 있다. 저자는 최근에 모 고등학교 진학 부장을 만난 적이 있다. 여러 가지 이야기 끝에 최근에 자기가 겪었던 경험담을 들려주었다. 학생의 대학진학상담을 위해 학부모와 면담 약속을 잡은 후 회의가 길어져 약속시간 보다 20분 정도 늦게 상담 장소에 갔더니 해당학생의 어머니는 가고 없었다고 한다. 그런데 그

후 해당 학생이 자기를 찾아와 대뜸 "선생님 우리 어머니께 사과하세요." 하더란다. 그 부장 교사는 물론 약속시간을 못 지킨 것은 자신의 불찰이지만 어떻게 학생이 선생님에게 그렇게 말할 수 있느냐면서 분개했다.

선善과 악惡은 동전의 앞뒤처럼 언제나 서로 동반되어 나타나듯 교육의 문제도 양면성兩面性이 있어 획일적 잣대로 재단할 수 있는 성질이 아니다. 지금이 어느 시대인데 매질이 있을 수 있느냐는 의견이 있는가 하면 '사랑의 매'는 꼭 필요하다고 말하는 사람들도 많이 있다. 체벌금지에 대해 찬반양론이 모두 일리가 있고 반드시 어느 한쪽이 옳다고 할 수 있는 성질의 문제는 아니다. 교육현장에서의 매는 고도의 전문적 판단이 필요하며 그런 문제는 행정지시사항으로 일방적으로 정할 것이 아니라 선생님의 양식을 믿고 교육현장의 자율적 기능에 맡겨두는 것이 좋지 않겠는가 하는 생각이 든다. 체벌을 개인적 화풀이의 수단으로 삼아 문제가 된 극소수의 일부 교사들 때문에 많은 이 땅의 교사들이 폭력暴力교사로 매도되어서는 안된다.

르스 시로가 쓴 〈유태인의 천재교육〉 제3장 4절 '부모가 매질을 삼가면 아이가 그릇 된다'의 내용 일부를 소개한다.

"우리는 부모의 손은 부모의 입(즉 말로 야단치는 것)이나 눈(즉 침묵의 질책)과 마찬가지로 아이를 책망하기 위한 한 장치라고 생각한다. 부모의 손은 아이에게 실제적인 아픔 때문에 자기 행위를 반성시키는 효과가 있다. 그러므로 아이의 마음을 고쳐 주는 데 필요하다면 당연히 아이의 몸에 고통을 주는 것도 하는 수 없는 일이다. 매질하는 것을 주저함 때문에 아이가 그릇된 일을 아무렇지 않게 하는 인간이 된다면 부모는 자식에 대한 책임을 회피해 왔다는 말을 들어도 어쩔 수 없다."

어쩌면 여기서의 부모를 선생님으로 바꾸어도 어색하지 않을 것 같다.

대학 선택의
길라잡이

소질素質과 적성適性 뿐 아니라 미래사회의 변화를 고려하여 하고 싶
은 일을 결정한 후에 그에 합당한 학과를 먼저 정하고 그런 연후에
그런 학과가 설치되어 있는 자기 눈높이에 맞는 대학을 선택해야 한다.

곱게 물든 단풍잎이 포도鋪道 위를 뒹굴 때면 교회나 산사는 기도하는 어머니들로 붐빈다. 우리 아들, 딸이 일점이라도 더 받아 원하는 대학에 합격하게 해 달라고 지극정성으로 기도한다. 마침내 수능일이 되면 직장인들은 출근을 늦추고, 자동차는 경적을 그치고, 비행기는 운항을 멈춘다. 고사장의 교문에는 후배들의 간절한 격문이 내걸린다. 이렇게 한바탕 전쟁을 치르고 나면 수험생들은 입시 지옥으로부터 해방을 맞게 된다. 수험생들은 오랜 시간 동안 짓눌렸던 용수철이 강하게 튀어 오르듯 방종放縱에 가까운 자유를 만끽한다. 그러나 한달 쯤 지나 수능시험 결과 통지서가 수험생들에게 전해지면 희비가 엇갈린다. 그 때부터 또 다른 입시전쟁이 시작된다. 오래전 어느 회사에서 '순간의 선택은 10년을 좌우한다'는 광고 카피를 내걸었다. 수험생의 입장에서 어느 대학 어느 학과를 선택하느냐 하는 것은 10년이 아니라 평생을 좌우할 수 있는 문제가 된다. 따라서 이 기간은 학생의 입장에서 보면 일생일대에 가장 중요한 시기라고 할 수 있다.

저자가 20년 이상 입시현장을 지켜보면서 느낀 점은 상당수 학생들이 먼저 대학을 정하고 그 다음에 자기 점수에 맞는 학과를 선택한다는 것이다. 생각보다 많은 학생과 학부모들이 이런 오류誤謬를 범하고 있다. 이는 신발에 자기 발을 맞추는 격이 아닐 수 없다. 사정이 이러하니 현재 대학 재학생 절반 이상이 기회가 주어지면 학과를 바꾸고 싶어 한다.

수능 성적을 받은 후 두 달 남짓한 기간 동안에는 차분하고 진지하게 앞으로 무엇을 하며 살아갈 것인가에 더해 고민해야 한다. 대학 입학 전략 뿐 아니라 대학 입학 이후, 나아가 인생의 로드맵을 만들어야 할 때이다. 저자는 가장 먼저 자기가 하고 싶은 일을 생각나는 대로 백지위에 적어 보기를 권한다. 그런 연후에 자기의 소질과 적성은 어디에 있는지 자기 내면의 목소리에 귀를 기울여야 한다. 이때 부모님이나 선생님의 도움이 필요할 수도 있다. 어떤 일에도 소질이 없는 사람은 없다. 우리가 무관심했거나 블루오션에 침잠되어 있어 모르고 있을 따름이다.

자기의 소질과 적성을 고려하고 그다음으로는 미래사회의 변화를 통찰해야 한다. 여러분이 사회에 진출할 그 즈음의 미래 사회의 특징은 인구의 고령화가 빠르게 진행되어 노인 인구가 많아지고, 여성의 사회 진출이 증가하며, 레저산업이 발달하고, 북극의 빙하가 녹아내리는 등 심각한 환경 문제가 대두된다는 점이다. 정보 통신 기술의 발달은 전 세계의 지구촌화를 지금보다 더 가속화시키고, 정보기술과 생명공학의 융합으로 바이오신약이나 바이

오 장기가 만들어질 것이며, 로봇이 인간 기능의 많은 분야를 대체할 것이다. 우리가 타고 다닐 자동차도 화석연료가 아니고 수소이온을 사용할 지도 모른다. 이런 미래 사회의 빠른 변화 속에 어떤 직업이 뜨고 지는 지를 지혜롭게 살펴보아야 한다. 지금 떠 있다고 해서 앞으로의 시대에도 계속 떠 있다고 보장할 수 없다. 오늘 우리나라의 선호직업들이 이미 선진국에서는 지는 직업의 카테고리 속에 들어 있다는 사실을 깊이 음미해 볼 필요가 있다.

소질素質과 적성適性 뿐 아니라 미래사회의 변화를 고려하여 하고 싶은 일을 결정한 후에 그에 합당한 학과를 먼저 정하고 그런 연후에 그런 학과가 설치되어 있는 자기 눈높이에 맞는 대학을 선택해야 한다. 물론 대학 정보 공시제나 대학 홈페이지를 방문하여 정보를 얻고 소속 학과 교수들과의 인터뷰를 통해 학과의 비전을 확인한 후 학생부 성적, 수능시험 성적 등을 고려하여 합격 가능성이 높은 대학을 선택하면 된다.

또한 대학 입학은 자기실현自己實現을 위한 시작일 뿐이라는 사실을 유념해야 한다. 대학은 본질적으로 공부하고 연구하는 곳이다. 그럼에도 우리나라 대학엔 '축제' 등 놀이문화가 너무도 많고 요란하다. 분명한 목적의식이 없으면 여기에 휩쓸리기 쉽다.

"말을 물가로 끌고 갈 수 는 있으나 물을 먹일 수는 없다"는 속담이 있다. 학생이 성장해 가기 위해서는 우선 말이 갈증을 느끼는 것과 마찬가지로 학생 스스로가 적극적이고 능동적으로 지식을 구하고 의욕을 나타내 보여야 한다. 이렇게만 한다면 대학 생활을 성공적으로 영위할 수 있게 될 것이다.

한국대학,
외적 위기의
삼각三角파고

인천송도의 교육특구에 미국의 상당수 대학들이 진출의사를 밝히고 있다. 미국의 유명 대학들이 한국에 진출한다면, 성공 가능성은 대단히 높다고 본다. 우리나라의 학생 뿐 아니라, 중국이나 일본의 학생들도 유치할 수 있기 때문이다. 여기에다 이들 대학은 3+1또는 2+2 학제 學制를 운영할 가능성이 있다.

그동안 우리나라에서 불패의 신화神話를 구가하던 3개의 집단을 들라면 재벌, 은행, 대학을 들 수 있다. 그러나 일부 재벌과 은행은 IMF 이후 역사의 뒤안길로 사라졌다. 이제 미증유未曾有의 위기가 우리나라 대학들에게도 닥쳐오고 있다. 1996년 처음 도입된 대학설립 준칙주의準則主義에 따라 대학설립이 자율화된 이후 대학사회도 수요와 공급이 원칙이 적용되는 경쟁체제로 접어들었다고 할 수 있다. 따라서 학내·외의 급변하는 환경에 제대로 대처하지 못하고 타성에 젖어 안일하게 운영되던 대학들은 '퇴출' 등의 최악의 상황을 맞을 수도 있는 위기국면에 빠져들고 있다. 따라서 대학개혁의 올바른 방향과 방법을 모색하기 위해서는 먼저 대학이 안고 있는 위기의 본질本質이 무엇인지 정확하게 짚어 보아야 한다. 정확한 진단이 있어야 올바른 치료가 가능하다.

대학의 위기는 대학 내內의 요인과 대학 외外의 요인으로 구분할 수 있다.

특색 없이 덩치만 큰 백화점식 종합대학, 천편일률적 학사제도, 부실한 교육내용, 산업현장과 유리된 교육내용, 낮은 취업률, 불비不備한 교육여건과 교육시설, 빈약한 교육재정 등이 대학위기구조의 내적요인이라고 할 수 있다. 한편 저출산율에 기인하는 진학인구의 절대 수 감소, 정보화情報化 및 세계화世界化에 따른 고등교육시장高等敎育市場의 개방 등이 외부로부터 대학에 밀려들고 있는 삼각三角파고이다.

2009년 신생아수가 44만 5천명인데 비해 2010년의 대학입학정원은 4년제 대학 34만 8천 562명, 전문대학 22만 3천 356명으로 57만천 918명에 이른다. 이러한 통계수치는 향후 대학이 겪게 될 심각한 위기국면의 한 단면을 보여준다고 할 수 있다.

한편 세계적인 미래학자 앨빈 토플러는 이미 1980년에 간행된 〈제3의 물결〉에서 농업혁명, 산업혁명에 이어 정보혁명시대의 도래到來를 예견했다. 그 후 꼭 30년이 되는 해인 2010년에는 스마트폰과 테블릿 PC의 등장은 U(Ubiquitous)-learning 시대를 앞당기고 있다. 이는 학생들이 시간과 장소에 구애받지 않고 스마트폰과 같은 통신기기를 통해 하버드대학 20년 연속 최고의 명강의로 선정된 마이클 샌델 교수의 〈정의란 무엇인가, Justice〉를 접할 수 있다는 것을 의미한다. 앞으로는 세계에서 강의를 가장 잘 하는 교수만이 살아남을 수 있다는 앨빈 토플러의 예언豫言이 섬뜩하게 다가온다.

설상가상으로 고등교육시장의 대외개방이 점차 가시화可視

化되고 있다. 인천송도의 교육특구에 미국의 상당수 대학들이 진출의사를 밝히고 있다. 미국의 유명 대학들이 한국에 진출한다면, 성공 가능성은 대단히 높다고 본다. 우리나라의 학생 뿐 아니라, 중국이나 일본의 학생들도 유치할 수 있기 때문이다. 여기에다 이들 대학들은 3+1 또는 2+2 학제學制를 운영할 가능성이 있다. 즉 3학년 또는 2학년 까지는 송도캠퍼스에서, 나머지 1년 또는 2년은 미국의 본 대학에서 교육 받는 시스템을 의미한다. 이렇게 된다면 국내의 SKY대학들도 안심할 수 있는 상황이 못 된다.

지방소재 대학뿐 아니라 심지어 무풍지대에 있던 수도권 대학까지도 향후 밀어닥칠 삼각三角파고의 외풍에 효과적으로 대응하지 못하면 대학의 생존을 장담하지 못하는 상황이 도래될 수밖에 없을 것이다.

3불 三不 정책,
진정 대학발전의
암초인가?

우리나라 고등교육의 발전을 가로막고 있는 것은 3불정책이 아니라
타이타닉호와 같은 운명인 줄도 모르고 무사안일無事安逸에 젖어 있는
대학들의 직무태만에 있다.

참여정부의 핵심 교육정책이었던 3불정책(여기서의 3은 본고사, 고교등급제, 기여입학제를 말한다)이 뿌리 채 흔들리고 있다. 서울대학교와 한국사립대학총장협의회가 한 목소리로 3불정책이 우리나라 고등교육의 경쟁력 발전을 가로막고 있다고 비판하며 폐지를 요구한 것이다. 이에 대한 찬반양론으로 우리사회가 뜨겁게 달아오르고 있다.

저자는 본고사 도입 문제에 대해서는 유연한 대처가 가능하다고 생각한다. 학생이 대학선택권을 가지듯 대학 역시 자율적으로 학생선발을 할 수 있어야 한다는 단순논리에서이다. 그러나 우리 사회의 제반 여건을 종합적으로 고려할 때 기여입학제寄與入學制와 고교등급제高校等級制의 도입은 많은 논란을 불러일으킬 소지가 다분하다.

기여 입학제의 핵심은 '기부금 입학'에 있다. 기여 입학제 도입을 주장하는 대학들은 공정한 선발제도를 통해 제한된 학생을 선발하되 받은 기부금은 장학금 등의 용도로 투명하게 집행하겠다고 주장한다. 그러나 이러한 장점에도 불구하고 기여입학제에 대한 접근은 신중을 기해야 할 것이다. 미국 등의 선진국에서는 기여 입학제가 보편화되어 있다. 그러나 적어도 이 문제에 한

해서는 미국은 미국이고 한국은 한국이다. 자식들 교육에 부모들이 목숨을 거는 나라가 우리나라다. 고삼병高三病은 전 세계에서 우리나라에만 있는 풍토병이며, 엄마들끼리 모이면 가장 많이 주고받는 화제 거리가 자식들 공부이야기다. 파출부를 하면서까지 자식 과외를 시키는 나라가 세상에서 대한민국 말고 또 어디 있겠는가. 적어도 돈으로 안 되는 일이 바로 자식 교육이어야 한다는 공감대가 우리사회의 저변에 널리 형성되어 있다. 제도의 도입은 이런 사회 환경과 국민정서를 충분히 고려한 후 이루어져야 한다.

지금 우리 사회는 고교등급제 때문에 심한 몸살을 앓고 있다. 고교등급제는 전국의 고등학교 간에 학생들의 학력學力 차이를 인정하고 대입전형에 반영하자는 제도이다. 저자도 서울 강남 8학군에 다니는 학생들이나 특목고特目高에 다니는 학생들의 학력이 우수하다는 것에는 동의한다. 그럼에도 고교등급제 도입을 반대하는 이유는 이렇다. 예를 들어 서울 강남지역 소재 고등학교의 대다수 학생들은 능력있는 부모, 좋은 학교, 좋은 학원이 있는 잘 갖추어진 교육여건 하에서 공부할 수 있는 비교적 선택받은 학생들이라고 할 수 있다. 이러한 교육환경에서는 더 좋은 수능 점수를 받을 수밖에 없다. 따라서 내신 성적에서 약간의 불리함이 있더라도 수능 성적에서 얼마든지 극복이 가능할 것이다. 반면 부모가 시골에 살고 있는 것만으로 학생이 대학에 들어가는 데 불이익을 받게 된다면 그 제도는 대단히 비교육적이라고 할 수 밖에 없기 때문이다.

명문대학들도 인재를 독식해야겠다는 아집과 편견을 버리고 내일의 이 나라를 짊어지고 갈 우수한 인재들이 전국의 많은 대학들에 산재해 있는 유능한 교수 밑에서 훌륭한 인재로 육성될 수 있도록 배려해야 한다. 우수한 인재들이 특정 소수 대학들에만 몰리게 되는 것은 나라 전체로 봐도 썩 바람직한 현상이 아니다. 우수한 인재들을 끌어 모아 사회적 열등생劣等生들을 배출한다는 고등학교 교육현장의 목소리에 대학도 귀를 기울여야 한다.

이제 우리나라 대학도 능력 있는 교수진 확보, 잘 짜여진 교육과정, 졸업생들의 사회적 평판도, 교육재정의 확보, 투명한 경영 등에서 경쟁해야 한다. 각 대학들이 학생을 선발하는데 쏟고 있는 에너지의 일부를 효율적인 교육을 위한 인프라 구축과 인재 양성의 경쟁에 쏟아 부을 때 진정한 대학의 발전과 국가 경쟁력의 향상도 기대할 수 있을 것이다. 우리나라 고등교육의 발전을 가로막고 있는 것은 3불정책이 아니라 타이타닉호와 같은 운명인 줄도 모르고 무사안일無事安逸에 젖어 있는 대학들의 직무태만에 있다.

교육세教育稅,
도입 당시
국민과의 약속대로 써야

교육세가 '교육여건 개선'과 '교원처우 개선'이라는 원래 목적대로 사용
되어 미래의 꿈나무들이 좋은 교육 환경에서 우수한 교사들의 지도를
받을 수 있을 때 우리의 공교육公敎育은 되살아날 수 있다.

목적세目的稅인 교육세는 정말로 그 목적에 맞게끔 사용되고 있을까?

정부의 교육세 징수는 1981년 12월 5일 제정된 교육세법에 그 근거를 두고 있다. 1980년 5월 31일 설치된 국가보위비상대책위원회는 그해 7월 30일 '교육정상화 및 과열과외 해소 방안'을 발표했다. 이른바 '7·30 교육개혁' 조치이다. 폭발적으로 증가한 교육수요와 7·30 조치를 뒷받침할 재원마련을 목적으로 국보위國保委는 교육세를 신설하고 그 근거가 될 세법제정에 착수했다. 이후 1년 반에 걸친 관계 부처 간의 논의를 거쳐 1981년 12월 5일 교육세법이 제정 공포되었다. 이 법의 제1조는 교육세 징수의 목적을 교육기반의 확충을 위하여 학교시설과 교원 처우 개선에 소요되는 재원을 확보하는 것으로 규정하고 있다. 일반세금과 달리 교육세는 사용처가 미리 정해진 목적세이다. 교육여건개선과 교원처우개선에 써야 한다고 사용처를 못 박아 둔 때문이다.

교육세 제도는 1981년 12월 5일 교육세법이 처음 제정된 이래 지금까지 총 16차에 걸쳐 개정되었으며, 그 중에서도 가장 큰 변화는 1990년 12월 31일 단행된 제3차 전면 개정에서 비롯되었다. 제3차 교육세법 개정안의 주요 내용은 1991년 말까지로 되어 있던 교육세법의 적용 시한을 폐지하는 동시에 교육세 과세대상의 폭도 대폭 확대하는 것이었다. 이때 교육세법 제1조의 목적 규정도 종래 '교육시설 및 교원의 처우개선' 같은 말 대신 '교육의 질적 향상을 도모하기 위하여 필요한 교육재정의 확충에 소요되는 재원을 확보'하는 것으로 수정되면서 교육세는 처음 국민들과의 약속과는 다른 방향으로 전용轉用될 수 있는 길을 터놓은 것이다. 이는 중대한 국민과의 약속위반이다.

1982년 교육세제 도입된 아래 2005년 말까지 거둬들인 교육세액은 84조 6740억 원이다. 2010년까지 합산하면 100조원을 훨씬 상회할 뿐 아니라 지금의 돈의 가치로 환산하면 수백조원에 이른다. 그럼에도 전국 초·중·고 교실의 상당수는 냉·난방시설이 제대로 갖추어져 있지 않으며, 그나마 시설이 갖추어졌다고 해도 일부 학교는 예산부족으로 제대로 가동을 돗하고 있다고 한다. 이처럼 초·중·고의 교육 인프라는 열악하기 짝이 없다. 설상가상으로 교과부가 2008년 9월 국회에 제출한 국정감사자료에 의하면 16개 시·도 교육청이 지고 있는 빚이 2조 6천억 원에 이른다고 한다. 지금까지 100조원에 가까운 천문학적인 교육세가 어디에 어떻게 쓰였기에 교육현장이 이렇게 열악한지 국민의 한 사람으로서 배신감背信感을 느끼지 않을 수 없다. 교육세가 신설된 이래 국정감사가 수없이 있었지만 그 동안 얼마나 걷혔고 어디에, 어떻게 쓰였는지에 대해 알고 있는 국민들은 거의 없는 것 같다. 이제는 교육세를 얼마를 걷어 어디에 썼다고 일목요연하게 백서白書에 담아 국민들이 쉽게 이해할 수 있도록 공개해야 한다. 물론 정부는 이미 공개하고 있다고 항변할지도 모르겠다. 그러나 지금의 방식대로 공개하는 것은 알고 보아도 이해가 쉽지 않다. 교육개혁을 추진함에 있어 정부는 우선적으로 교육세 관련 내용을 국민 앞에 투명하게 공개하고 향후에는 어떻게 사용할 것인지 뚜렷한 청사진靑寫眞을 제시하여야 한다.

교육세가 '교육여건 개선'과 '교원처우 개선'이라는 원래 목적대로 사용되어 미래의 꿈나무들이 좋은 교육 환경에서 우수한 교사들의 지도를 받을 수 있을 때 우리의 공교육公敎育은 되살아날 수 있다.

학력學歷 위조
쓰나미가 주는
교훈

대학입학전형뿐 아니라 모든 공공기관과 기업체의 신입사원 채용 시
지금과 같은 필답고사 위주의 체제에서 전인평가全人評價체제로 전환
할 필요가 있다. 필답고사는 암기력에 대한 평가는 될 지언 정 그 사람
이 가지고 있는 인품, 창의력, 가치관등을 알아보기어 는 역부족임을
부인하기 어렵다.

한때 허위학력쇼크가 일파만파로 우리 사회 전반을 뒤흔들었던 적이 있다. 이름만 들어도 알 만한 사람들이 학력검증의 쓰나미에 휩쓸려 줄줄이 떠내려갔다. 개인의 윤리의식 부재와 학벌을 맹신하는 사회적 모순이 중첩되어 한순간에 곪아터진 것이다. 허위학력의 문제는 단지 한 개인의 비양심적인 문제로만 치부해서는 안 되며 우리사회의 구조적 문제와 깊이 연관되어 있다.

　　　조선조 중종 때 조광조를 비롯한 신진사류들은 학벌의 폐해를 타파하고 인재를 고르게 등용하는 현량과賢良科를 설치하는 등 개혁정치를 시도하다가 기성세력인 훈구파勳舊派의 반격에 몰락의 운명을 맞았다. '기묘사화己卯士禍'의 이야기다. 우리사회의 학벌숭배 풍토는 이처럼 오랜 세월동안 깊고 넓게 뿌리내려 있다. '사농공상士農工商'이라는 유교적 가치관과 인습이 우리 사회의 저변을 형성하고 있음을 부인하기 어렵다. 누군가 높은 자리에 오르면 으레 언론은 그 사람의 업적이나 능력보다 출신 지역, 학교, 어떤 시험에 합격했는지에 먼저 주목한다. 어디 이것뿐인가. 학벌은 결혼·취업·승진·급여 등 거의 모든 부문에서 한 사람의 인생을 좌지우지한다. 취업전문업체 '잡 코리아'가 직장인과 대학생을 대상으로 시행한 설문조사에서도 대한민국에서 성공하기 위한 요건을 묻는 질문에 '학벌學閥'이라고 답한 응답자가 제일 많았다고 한다. 한 사람이 가진 창의성과 실력보다는 그럴 듯한 학벌을 가진 사람에게 '과잉 프리미엄'을 얹어주는 현실이 학력위조의 유혹을 낳은 것이다.

학력위조로 인한 사회적 불신구조에 대한 근본적인 대책을 세우는 것은 학벌중심사회學閥中心社會를 넘어설 때에 가능해진다. 물론 우리 사회가 학벌의 편견에서 벗어나 능력중심사회能力中心社會로 이행하는 것은 말처럼 쉽지는 않다. 그러나 대학입시 과열로 인한 인간중심 교육의 부재, 엄청난 사교육비 지출 등 대학입시와 관련하여 파생하는 각종 사회문제뿐 아니라 학벌 네트워크가 낳는 패거리 문화가 얼마나 심각한 逆기능을 던지고 있는가를 생각하면 더 이상 미룰 수만은 없는 일이다. 개인의 학력學歷 또는 학력學力과 그 사람이 실제 업무에서 보이는 능력能力 또는 실력實力과는 반드시 일치하지는 않는다. 학력學歷이나 학력學力이 낮더라도 어떤 분야에 실력이 있다면 그것을 인정받을 수 있는 평가시스템이 만들어져야 한다. 대학입학전형뿐 아니라 모든 공공기관과 기업체의 신입사원 채용 시 지금과 같은 필답고사 위주의 체제에서 전인평가全人評價체제로 전환할 필요가 있다. 필답고사는 암기력에 대한 평가는 될 지언 정 그 사람이 가지고 있는 인품, 창의력, 가치관등을 알아보기에는 역부족임을 부인하기 어렵다.

미래사회는 학벌이나 사회경제적 배경보다 그 사람이 가지고 있는 실질적인 업무수행능력이 중시되는 사회로 이행할 것으로 전망된다. 다행히 기업을 중심으로하여 '열린 채용'을 통해 학벌을 파괴하고자 하는 움직임이 서서히 일어나고 있고, 공무원들의 승진에도 다면평가제도가 정착되어 가고 있다. 우리사회가 능력중심사회로 나아가기 위한 좋은 기운氣運이 서서히 퍼져나가고 있음이 분명하다. 이런 때에 기업 등에서 학력學歷에 따른 임금격차나 승진에 있어 불이익도 서서히 줄여 나간다면 학력위조 사태는 우리 사회가 학벌중심사회에서 능력중심사회로 이행하는 전화위복轉禍爲福의 계기가 될 수 있을 것이다.

교육
Korea
30

chapter 3:

교육선진국으로 가는 **길**

소득 양극화兩極化
해소는
교육이 해답이다

전면 무상급식과 같은 포퓰리즘적 정책이 아닌 정말로 지원이 절실한 학생들을 대상으로 무상급식과 사교육에 상응하는 교육의 기회를 제공하여 좋은 일자리를 갖게 함으로써 교육을 통한 신분 상승이 자연스럽게 이루어지는 사회야말로 건강한 사회라고 할 수 있다.

한 때는 대학입시철마다 가난한 수재들의 인간승리 이야기가 신문의 사회면을 장식하곤 했다. 그러나 IMF사태와 외환위기 이후 가난이 대물림되고 계층 고착화가 심화되면서 교육을 통해 개천에서 용이 날 기회는 점점 줄어들고 있다.

한국직업능력개발원이 2010년 공개한 보고서에 따르면 지난 5년간의 수능성적을 분석한 결과 부모의 학력 수준이 자녀의 수능성적과 밀접한 관련이 있는 것으로 분석되었다.

소득양극화 문제는 사회의 통합과 발전을 위해서 어떻게든 해소되어야 하지만 그 방안에 대해서는 전문가들 사이에서도 의견이 분분하다.

빈부격차가 비단 우리나라에서만 문제되고 있는 것은 아니다. 2008년 스위스의 다보스에서 열린 세계경제포럼(WEF)에서도 빈부격차 해소방안이 핫이슈로 떠올랐다.

다보스포럼에 참석한 전문가들은 양극화의 해소를 위해 색다른 대안을 제시했다. 그들의 공통된 의견은 단순히 세금을 올려 그 돈으로 저소득층을 지원하는 정책은 실효성이 적으며 양극화를 해소하는데 있어 가장 효율적인 방법은 교육이라는 것이었다. 정부가 정책적 배려를 통해 저소득층 자녀들에게 균등한 교육기회를 제공해 주는 것이야말로 양극화를 해소하는 근본적인 해결책이라는 것이다.

　　노벨경제학상 수상자인 조지프 스티글리츠 교수는 '간단한 교육개선책은 방학을 없애는 것'이라고 하기도 했다. 전 세계 저소득층 자녀에게 나타나는 공통적인 현상은 방학이 길면 학업능력이 현저히 떨어진다는 것이다. 부유층 학생들은 방학 중 과외를 받거나 학원에 다니지만, 저소득층 학생들은 방학기간을 그런 식으로 활용하기 어렵기 때문이다. 이런 식으로 초·중·고에 재학하는 12년 동안 방학에 제대로 교육을 받지 못하면 격차가 더 벌어질 수밖에 없다. 때문에 그는 '방학 기간 중 정부가 예산을 들여서라도 저소득층 자녀들을 무료로 교육을 시켜야 한다'고 주장했다.

　　유태인의 속담에 '물고기 한 마리를 주면 하루밖에 살지 못하지만 물고기를 어떤 방법으로 잡는가를 가르치면 한 평생을 생활 할 수 있다'는 말이 있다. 당장 생존을 걱정해야 하는 사회계층에는 그에 맞는 복지정책도 필요하다. 그러나 보다 근본적인 대책으로 그들의 자녀들이 좋은 교육을 받아 자신의 재능을 계발하고 나아가 자신에게 맞는 일자리를 갖도록 도울 필요가 있다.
　　지금 우리 사회의 중·상류층을 형성하고 있는 사람들 대부분은 교육을 통해 신분상승을 이루어 냈다는 것을 부인하기 어렵다.

정부는 사회적으로 어려움에 처하고 있는 집안의 자녀들이 질 높은 교육을 받을 수 있도록 정책적 배려를 해야 한다.

미국에서 얼마 전까지 시행했던 흑인우대정책이나 중국의 소수민족우대정책을 참고할 필요가 있다. 지금 일부 대학에서 시행하고 있는 지역균형선발地域均衡選拔 전형을 확대하는 것도 한 방법일 수 있다.

전면 무상급식과 같은 포퓰리즘적 정책이 아닌 정말로 지원이 절실한 학생들을 대상으로 무상급식과 사교육에 상응하는 교육의 기회를 제공하여 좋은 일자리를 갖게 함으로써 교육을 통한 신분 상승이 자연스럽게 이루어지는 사회야말로 건강한 사회라고 할 수 있다. 이는 '가난한 사람이든 부자든 모든 사람에게 교육의 기회는 공평하게 주어져야 한다'는 18세기 스위스의 위대한 교육개혁가 페스탈로치의 신념이기도 하다.

노벨상,
지적知的 올림픽의
금메달

정부 차원에서 장기적 목표 아래 창의성創意性을 가진 과학꿈나무들을
육성育成하고 그런 과학자를 아끼는 사회분위기 속에서 과학의 미래가
영그는 것이다.

76:48과 0:15. 76:48은 광저우아시안게임에서 한국과 일본이 획득한 금메달 숫자이고, 0:15는 학문분야 노벨상 수상자의 수를 비교한 것이다. 2002년 우리나라가 월드컵 4강 진출을 신화神話라고 흥분하고 있을 때 이웃 일본에서는 고시바 교수와 박사학위도 없는 무명無名 화학자 다나카 고이치 연구원이 노벨 물리학상과 화학상을 수상했다. 그런데 2010년에도 일본인 2명이 화학상의 공동수상자로 결정되었다. 이로써 일본은 1949년 유카와 히데키 박사가 노벨 물리학상을 수상한 이래 물리학 7명, 화학 7명, 생리의학 1명 등 총 15명의 과학분야 노벨상 수상자를 배출하였다. 이들 가운데는 일본이 2차 세계대전 패전으로 인해 사회적으로 어려울 때 이룬 학문적 업적이 많다. 이를 두고 아사히신문은 '종이와 연필로 시작한 연구가 꽃을 피웠다'고 보도했다. 일본이 이렇게 많은 노벨상 수상자를 배출한 것은 결코 우연한 일이 아니다. 먼저 100년 이상 지속되고 있는 기초과학基礎科學 강화교육과 이를 뒷받침하는 일관된 교육정책에서 해답을 찾을 수 있다. 일본의 기초과학에 대한 투자는 상상을 초월한다. 90년대 초반부터 국내총생산(GDP) 대비 연구개발(R&D)투자는 2%선을 꾸준히 지키고 있다. 또한 1995년 '과학기술기본법'을 제정해 과학연구예산을 적극적으로 늘려갔다. 2001년부터는 향후 50년 안에 30명의 노벨상 수상자를 내겠다는 야심 찬 계획을 정부 차원에서 마련했다.

이러한 일본정부의 노력에 일본인 특유의 한 우물만 파는 철저한 장인匠人정신과 맞닿아 오늘의 결과를 만들어내고 있는 것이다.

노벨상이 100년이 넘는 세월동안 변함없이 세계 최고의 권위를 자랑하는 것은 인류의 복지를 위한 연구를 지원하는 높은 이념, 선정과정의 객관성客觀性과 일관성一貫性 때문이다. 그렇기 때문에 노벨상은 수상자 개인의 명예일 뿐 아니라 그가 속한 국가나 민족에게도 엄청난 자긍심自矜心을 심어준다. 세계명문대학들은 재직 교수나 동문 중에 노벨상 수상자가 몇 명이라는 것을 자랑스럽게 여긴다.

한국인 과학자는 언제쯤 과학노벨상을 받을 수 있을까? 우리나라는 해마다 열리는 세계 수학·과학 올림피아드에서 상위권 트로피를 한 번도 놓치지 않는 올림피아드 강국이다. 매번 일본을 훨씬 웃도는 성적을 얻는다. 우리나라의 기초과학의 꿈나무들은 확실히 뛰어나다고 볼 수 있다. 그런데 그런 꿈나무들을 노벨상 재목으로 키우는 데 소홀하다.

2009년 정부 R&D예산은 12조 3000억이었는데 이 중 순수 기초과학분야(수학, 물리, 화학, 생명과학, 천문학, 지구과학)에 대한 투자는 11.2%에 불과하였다. 이는 미국이나 일본과 비교하면 너무나 적은 예산규모다. 설상가상으로 미래의 과학 꿈나무들은 고등학교 때까지는 입시교육에, 대학에서는 고시 등 출세 지향주의指向主義 교육에 매달리고 있는 것이 우리의 현실이다. 요즈음에는 우수한 인재들이 기초과학 뿐 아니라 이공계학과 진학마저도 철저히 외면하고 있다. 한때 네티즌들은 드라마 '카이스트'에 출연했던 배우들이 이후 다들 의학드라마에 출연했다는 사실을 두고 '이공계 기피 현상'을 꼬집는 패러디 물을 만들어 유행시키기도 했다. 이런 분위기에서 노벨상 수상자가 나올 것이라고 기대하는 것은 「나무에서 고기를 구하는 것」과 같다.

인류 최고의 명예인 노벨상은 하루아침에 우연히 주어지는 상은 아니다.

과학분야 노벨상 수상자를 배출하기 위해서는 우리나라가 스포츠 강국이 된 과정을 참고할 필요가 있다. 우리나라는 올림픽 금메달 90점, 세계선수권대회 우승 45점, 아시안 게임 금메달 10점 등 공인된 국제대회에서의 수상실적을 점수로 산정하여 그 점수에 따라 연금을 지급하며 병역면제 혜택을 부여한다. 선수 개개인의 정열과 노력을 이끌어내기 위해 철저한 인센티브 시스템을 도입한 것이 우리나라가 스포츠 강국으로 발돋움 할 수 있었던 주요한 배경 중의 하나다.

　　이처럼 기초과학분야에서 노벨상 수상자를 배출하기 위해서는 근본적인 변화가 필요하다. 노벨상을 목표로 한 연구 지원체계를 확립하고, 노벨상 수상에 적합한 연구를 지원하는 다각도多角度의 방안이 마련되어야 한다.

　　또한 과학자들이 연구에만 몰두해도 명예와 물질적 보상이 보장되는 풍토를 정부가 앞장서 조성해야한다. 국내 대학원에 재학 중인 박사과정생 300명에게 2년간 총 6,000만원을 지원해 줌으로써 우수한 박사급 인력이 연구에만 전념하게 하겠다는 '글로벌 박사 펠로우십' 제도는 만시지탄晚時之歎의 감이 없지 않다. 이처럼 정부 차원에서 장기적 목표 아래 창의성創意性을 가진 과학꿈나무들을 육성育成하고 그런 과학자를 아끼는 사회분위기 속에서 과학의 미래가 영그는 것이다. 2009년 간행된 〈노벨상은 꿈꾸는 과학자들의 비밀노트〉(한국과학재단, 2009)를 보면 우리에게도 희망이 있어 보인다.

대학이
살아야
나라가 산다

대학 스스로 자구 노력을 선도적으로 실행하는 대학에 대해서는 정부, 기업을 비롯한 국가의 제 주체들이 물심양면物心兩面으로 지원하여야 한다. 대학의 경쟁력 상실은 곧 국가의 경쟁력 상실로 연결될 수밖에 없기 때문이다.

가난의 대물림 속에서도 먹고 입는 것을 절약하여 자식들 공부 뒷바라지에만 헌신해 온 세대가 바로 우리 부모들 세대이다. 이들의 교육열에 의하여 1970년대의 경제기적이 이룩되었다고 해도 과언이 아니다. 이제 우리 사회는 산업사회로부터 세계화와 더불어 정보와 지식이 가치를 발휘하는 지식기반사회知識基盤社會로의 패러다임 변화에 직면해 있다. 우리에게 너무도 잘 알려진 미국 미래학자 앨빈토플러는 그의 저서 '부富의 미래'에서 지식혁명의 거대한 흐름에 편승하기 위해서는 지식혁명의 두 가지 특징에 주목해야 한다고 역설하고 있다.

첫째, 지식은 상호작용하면서 거대하고 복잡한 새로운 지식체계로 재편되고 있다는 점이다. 인위적인 전통적 학문의 경계를 뛰어 넘어 물리학과 사회학이 만나고, 생물학과 공학이 상호작용함으로써 새로운 지식이 창출되고 있다. 둘째, 지식의 빠른 변화는 지식의 절반이 쓸모없게 되는 지식의 반감기半減期가 짧아지고 있다는 점이다. 이 두 가지 특징으로 인해 산업사회에 기반을 둔 지식생산체계에 커다란 도전이 다가오고 있다는 것이다. 이러한 시대 변화의 조류 속에서 국가경쟁력은 그 나라가 가지고 있는 인재들에 의해 결정된다. 이러한 인재의 다수는 대학이 만들어낸다. 그래서 대학의 경쟁력이 곧 국가의 경쟁력과 직결된다고들 한다.

지금 깨어있고 힘차게 발전하고 있는 나라들은 우수한 인재人材를 확보하고 양성하는데 올인하고 있다. 중국은 그동안 '211 공정工程'과 '985 공정工程'을 통해 대학의 구조조정과 운영시스템을 획기적으로 개선했다. 또한 새로 '111프로젝트'를 발표했다. 세계 수준의 인재 1,000명을 유치해 100대 대학에 10명씩 배치 그곳을 혁신의 전진기지로 삼는다는 전략이다. 그렇다면 우리나라의 교육현실은 어떤가. 필자가 보기에 우리나라의 금융개혁의 수준은 여타 국가를 앞서나가고 있으나 그에 비해 교육개혁은 한참이나 뒤쳐지고 있다. 우리 국민의 교육수준은 현재 노동인구의 3분의 1이 대학 졸업자일 정도로 매우 높은 편이다. 또한 고등학교 졸업생의 85%이상이 대학에 진학하고 있으며 우리나라의 대학 진학률은 세계에서 가장 높다. 그러나 사회는 이미 정보사회情報社會로 바뀌었는데 우리나라의 교육제도와 교육 컨텐츠는 아직도 대량생산의 산업사회産業社會에 적합했던 교육의 틀을 벗어나지 못하고 있다. 사정이 이러하니 최근의 조사자료에서는 우리나라 대학생 4명 중 3명이 여건만 허락하면 해외유학을 떠나고 싶어 하는 것으로 드러났다. 실제로 해외유학과 연수비용이 2008 한 해에만 45억 7,000만달러(약 4조 300억원)가 소요될 것으로 추정되었다. 그러나 이러한 위기 상황에 능동적이고 적극적으로 대응해야 할 우리나라 대학들이 어찌 보면 '강 건너 불 보듯'하고 있다는 점은 안타깝기 그지없다. 마티 린스키 하버드대학 교수는 리더가 되는 것도 중요하지만 문제를 풀어가는 과정을 행동으로 옮기는 '실행의 리더십(Exercise Leadership)'이 훨씬 더 중요하다고 하였다. 우리나라 대학도 불안한 미래에 대해 걱정만 하고 있을 때는 이미 지났다. 대학 최고 경영자를 비롯한 모든 대학 구성원들이 사즉생 死則生의 자세로 살아남기 위한 생존 경쟁에 지혜를 모아야 한다.

그러나 우리나라 대학이 당면하고 있는 모든 문제를 대학만의 힘으로 해결하기에는 한계가 있다. 대학 스스로 자구 노력을 선도적으로 실행하는 대학에 대해서는 정부, 기업을 비롯한 국가의 제 주체들이 물심양면物心兩面으로 지원하여야 한다. 대학의 경쟁력 상실은 곧 국가의 경쟁력 상실로 연결될 수밖에 없기 때문이다.

대학평가大學評價는 대학을 변하게 하는 원동력原動力

대학 간 선의의 경쟁을 유발하는 방법으로 지금 시행되고 있는 대학 외부의 기관에 의한 '대학평가大學評價'와 '정보공시제情報公示制'는 좋은 수단이다.

세계에서 가장 우수한 대학의 3분의 2는 미국에 있다. 세계 10대 대학을 꼽으라고 하면 줄줄이 불려 나오는 하버드, 스탠퍼드, MIT, 예일, 프린스턴, 코넬, 미시간이 모두 미국 대학이다. 세계 대학 랭킹 100위권은 미국 대학이 절반 안팎을 고정적으로 차지한다. 그뿐인가, 지적知的 올림픽의 최고봉인 학문분야의 노벨상도 최근 미국 대학교수들이 휩쓸다시피 한다. 한마디로 미국 대학의 질은 누구의 추월도 허용하지 않는 명실상부한 세계 최고 수준이다. 과연 무엇이 이런 불가사의한 미국 대학의 독주를 가능케 하는가? 미국의 대학들이 이처럼 경쟁력을 갖게 된 것은 미국대학의 학생, 교수, 행정가들이 치열한 경쟁상태에 있기 때문이다. 미국의 대학들은 좋은 교수를 모시고, 우수한 학생을 뽑고, 많은 연구비와 정부 보조금을 끌어 들이기 위해 치열하게 경쟁한다. 이것이 미국 대학으로 하여금 다른 나라 대학들과 구별되게 한다. 냉혹한 경쟁은 자기만족에 안주하려는 유혹으로부터 대학을 지속적持續的으로 깨어 있게 한다. 미국 대학의 예는 경쟁의 바다 속에서 대학은 더 강한 대학으로 거듭날 수 있다는 것을 보여준다.

그러나 우리나라 대학은 그 동안 교육과 연구의 질에 대한 객관적 평가 없이 입학생의 커트라인, 졸업생들의 학맥學脈 등에 의해서만 서열이 매겨져왔다. 이에 따른 부작용은 대단히 심각하다. 그 대학의 소속 교수들이 아무리 우수한 연구결과를 발표하고, 학생들에게 양질의 교육을 제공해도 대학의 서열이 변하지 않는다면, 교수들의 교육과 연구증진에 대한 의욕은 상실될 수밖에 없다. 교육과 연구를 게을리 하여도 변하지 않는 서열 덕분에 우수한 학생들이 계속 들어오고 외부지원을 지속적으로 받을 수 있는 대학은 교육과 연구의 질을 향상시키고자 하는 동기動氣가 약화되어 나태해질 수밖에 없다. 이것이 한국대학의 국제경쟁력을 약화弱化시킨 결정적인 이유 중 하나라고 볼 수 있다.

한국의 대학사회를 변혁시키고 도약을 가능케 하려면 '경쟁'이 필요하다.

대학 간 선의의 경쟁을 유발하는 방법으로 지금 시행되고 있는 대학 외부의 기관에 의한 '대학평가大學評價'와 '정보공시제情報公示制'는 좋은 수단이다. 대학평가 결과를 통하 대학은 스스로를 되돌아 볼 기회를 가질 수 있을 뿐 아니라 학생이나 학부모가 보다 객관적으로 대학을 선택할 수 있는 기준이 제시될 수 있기 때문이다. 다행스럽게도 지금은 대학교육협의회 뿐 아니라 중앙일보를 비롯하여 최근에는 조선일보와 경향신문에서도 대학평가를 시행하고 있다. 중앙일보가 1994년 대학평가를 처음으로 시행한 후 그 이듬해에 평가결과를 책으로 엮었는데 그 책의 제목이

〈대학의 순위가 바뀌고 있다〉였다. 이는 이름뿐인 대학과 내실內實이 다져진 대학 간의 옥석玉石을 구분하는 계기가 되었다고 할 수 있다. 한편으로 대학평가 시 대학의 실상이 잘 드러날 수 있도록 하기 위해서는 좀 더 과학적인 평가지표의 개발과 함께 이를 바탕으로 체계적이고 공정하게 평가가 이루어지게끔 평가 작업에 대한 끊임없는 개선노력도 병행竝行되어야 한다. 이런 외부의 평가와 더불어 교수 연구경쟁 풍토 조성, 교수 승진요건 강화 등 대학 내부의 노력이 더해져 더타임스의 '2010 세계대학 평가'에서는 포스텍 28위, 카이스트 79위, 서울대 109위 등 한국대학들이 약진하는 계기가 되었다고 할 수 있다.

대학의 기능,
50:30:20

대학은 대학에 주어진 본질적 사명을 다하기 위해서는 교육, 연구, 봉사 어느 것도 완전히 무시할 수는 없다. 저자는 그 비중을 50:30:20을 기본 축으로 그 대학이 지향指向하는 바가 대학원중심대학, 학부·대학원병설대학, 학부중심대학이냐에 따라 그 비율이 가감되어야 한다고 생각한다.

12세기 경 중세 유럽에서 처음 대학이 생겼을 때는 '교육'이 대학의 핵심 기능이었다. 대학의 기능에 연구가 덧붙여진 것은 1810년 홈볼트에 의해 창립된 베를린대학에서다. 교수와 학생이 서로 동반자의 위치에 서 있고, 상호간 개방적 자세로 연구·교육·학습을 해야 한다는 홈볼트의 대학관大學觀에 기반한 베를린대학은 교육과 연구를 병행하는 새로운 대학모델의 기초가 되었다. 그러나 대학의 연구기능이 본격적으로 발전하기 시작한 것은 미국 대학에서였다. 미국 최초의 연구중심대학은 1876년 베를린대학을 벤치마킹하여 설립된 존스홉킨스대학이다.

또한 인본주의人本主義적인 영국대학의 전통과 계몽주의啓蒙主義적인 독일 대학의 전통과는 달리 미국 대학들은 실용주의實用主義에 바탕을 두고 대학의 이념과 전통을 발전시켰다. 미국의 대학들이 사회봉사를 중요한 기능을 삼게 된 것을 이런 실용주의 노선과 맥이 닿아 있다고 할 수 있다.

이렇듯 오랜기간을 거쳐 대학의 전통적인 역할은 교육敎育 (Teaching), 연구硏究(Research), 봉사奉仕(Service)로 자리매김 하였으며, 이들 대학의 사명 3요소(Mission Triad)는 상호 밀접하게 연관되어 있다. 만약 이들 기능이 균형을 잃으면 대학 본연의 기능이 제대로 발휘될 수 없다. 이들 3요소 가운데 어느 한 기능만 강조되면 대학은 학원, 연구소 혹은 사회사업기관으로 전락할 수 있기 때문이다. 따라서 우수한 대학이 되려면 대학의 사명을 수행할 우수한 인력과 시설이 확보되어야 하고 동시에 이를 뒷받침할 경제력과 효율적인 관리체제가 있어야 한다.

그런데 우리나라 대학사정을 보면 정부의 대학지원사업과 각종 대학평가가 연구중심으로 치우치다보니까 많은 대학들이 연구중심대학을 표방標榜하고 있으나, 실제 연구중심대학으로 분류될 수 있는 대학은 2~3개 대학에 불과하다고 할 수 있다. 지금까지 우리나라 대학은 '종합대학'이면서 '연구중심대학'이어야만이 좋은 대학이라는 고정관념에 사로잡혀 있었다고 해도 과언이 아니다. 이제는 이런 편견에서 하루바삐 벗어나야 한다. 미국에도 3,600여개의 고등교육기관 중 1995년에 제정된 카네기분류법에 의한 진정한 의미의 연구중심대학(대학원대학)은 60개가 채 되지 않는다고 한다. 하버드대학이 연구중심대학研究中心大學의 대표선수라면 학부중심대학學部中心大學의 대표선수는 프린스턴대학이다. 이들 두 대학은 미국의 시사주간지 유에스뉴스월드리포트지가 매년 발표하는 대학랭킹에서 1, 2위를 다툰다. 그뿐만 아니다. 연구중심대학과는 달리 미국에는 학사 학위과정만 개설되어 있는 Liberal Arts College들이 많고, 그중 상당수는 수월성교육을 통해 사회적으로 인정을 받고 있다. 그렇다고 Liberal Arts College 교수들이 연구 활동을 전혀 하지 않는 것은 아니다.

대학은 대학에 주어진 본질적 사명을 다하기 위해서는 교육, 연구, 봉사 어느 것도 완전히 무시할 수는 없다. 저자는 그 비중을 50:30:20을 기본 축으로 그 대학이 지향指向하는 바가 대학원중심대학, 학부·대학원병설대학, 학부중심대학이냐에 따라 그 비율이 가감되어야 한다고 생각한다.

여기에 덧붙여 교육전문 교수, 연구 전문교수와 같은 '기능별 교수제'의 도입과 더불어 '대학 행정전담 교수풀'의 구성 같은 것도 검토할 만 하다고 생각한다.

즉, 학과 단위의 행정전담교수로 하여금 학생모집, 학생지도, 취업 등을 맡게 함으로써 업무의 지속성을 유지할 수 있을 뿐 아니라 많은 교수들이 교육과 연구에 전념할 수 있게 하는 장점이 있다. 교수업적 평가도 이러한 기준에 따르는 것이 합당할 것이다.

대학의 연구 활동,
선택選擇과
집중集中

이제는 하나마나한 연구를 위한 연구는 지양해야 할 때다. 그런 의미에서 그린에너지, 환경, 물에 관한 연구에만 집중하겠다는 KAIST의 EEWS(Energy, Environment, Water & Sustainability) 프로젝트는 높이 평가 받을만 하다.

연구 활동을 통하여 끊임없이 새로운 지식을 창출하고, 이를 바탕으로 인재를 양성하고 지역 사회에 봉사하는 것이 대학의 중요한 사명이라고 할 수 있다. 최근 들어 대학들은 연구 실적이 부족하면 신분 보장을 해주지 않는 등 전문교원의 연구 실적에 대한 심사를 자체적으로 강화하고 있다. 또한 대학평가에 있어서도 연구부분에 대한 중요성이 강조되면서 국내 과학기술 논문은 2001년 이래 지난 10년간 양적 측면에서는 우리나라의 경제 규모 순위(세계 11위)에 근접할 정도로 발전했다. 그러나 인용횟수로 따진다면 논문의 질적 측면에서의 평가 순위는 10년째 30위권에 맴돌고 있다. 이제는 대학의 연구내용과 방향에 대해 재검토가 필요하다.

연구원도 모자라고 연구비도 빈약한 상황에서 자기 대학이 잘 할 수 있는 분야를 선정하여 집중하는 전략을 세우는 것이 필요하다. 삼성전자의 연간 연구개발(R&D) 예산이 2005년 기준 4조 원에 이른 것을 감안할 때 대학의 각개 약진식 연구가 얼마나 무모한 일인지 알 수 있다. 이제는 하나마나한 연구를 위한 연구는 지양해야 할 때다. 그런 의미에서 그린에너지, 환경, 물에 관한 연구에만 집중하겠다는 KAIST의 EEWS(Energy, Environment, Water & Sustainability) 프로젝트는 높이 평가 받을 만하다. 또한 이장무

전 서울대 총장이 총장 재임중 신임교수 채용시 연구역량을 가름하는 지표로 지금까지처럼 논문의 편 수가 아니고 한 편이라도 영향력이 얼마나 큰 논문이냐 하는 논문의 질을 보겠다고 선언했다.

　　대학이 수행하는 연구는 기초연구(basic research)와 응용연구(applied research)로 크게 구분된다. 대학이 기초학문연구에 보다 충실해야 하는지 응용연구를 통해 산업계와의 협력을 통해 윈-윈 전략을 구사해야 하는지에 관한 논쟁은 아직도 진행형이다. 그러나 현대의 지식기반사회知識基盤社會에서는 대학이 '학문탐구'라는 전통적인 역할 외에도 산업계의 요구에 따라 산학협력産學協力의 비중이 높아져가는 추세에 있는 것만은 틀림없다. 기초연구는 시간과 노력, 비용에 비해 획기적인 결과를 얻기가 대단히 어려운 단점이 있다. 그렇지만 기초연구는 인간의 자연에 대한 호기심을 충족시켜 줌으로써 우리에게 정서적 풍요를 가져다주고, 그 연구 결과는 응용연구의 기초基礎가 된다. x-선, 원자력, 유전자, 반도체, 레이저(laser) 등은 기초연구 결과의 산물로 인류의 역사에 엄청난 파급효과를 가져다주었으며 새로운 산업으로 발전하는 기틀이 되었다. 보다 최근에는 산업화産業化로 인해 발생한 지구온난화의 원인규명도 기초연구의 소산물所産物이다.

그에 비해 응용연구는 비교적 단기간에 승부하는 목표지향적인 연구이다. 대학의 연구, 특히 사립대학의 연구는 응용연구에 초점을 맞출 필요가 있다. 요즈음 우리나라 대학도 대학 전체 예산 중 연구개발비가 차지하는 비중이 점차 높아지고 있는 추세에 있다. 그러나 대학이 연구개발비의 투자를 늘리는 것도 중요하지만 대학에서 산출된 연구개발 성과를 상업화商業化하는 것이 더욱 중요할 수 있다. 대학에서 산출한 연구 성과물을 상업화하기 위해서는 산·학협동도 지금까지와는 완전히 다른 차원으로 전개되어야 한다. 지금까지 산학 협동은 주로 대학이 공급자적 관점에서 기업을 도와주는 식으로 전개되었으며, 따라서 연구개발은 기업에서 요구하는 상업화와는 별개로 진행되는 형태가 대부분이었다. 하지만 앞으로의 산학 협동은 공급자 중심이 아니라 수요자 중심으로 실용화實用化 및 상품화商品化를 염두에 두고 진행되어야 한다. 국내대학 중에서도 발 빠르게 움직이는 대학들은 기술이전센터(Licensing Center)를 설치하여 연구성과를 산업계에 확산하는 기술이전, 기술애로상담, 컨설팅 등의 사업을 적극적으로 전개하고 있다. 우리나라 대학들도 멀리 내다보고 돈이 되는 교책연구校策研究과제를 전략적으로 추진하여야 할 것이다. 이를 위해서는 대학만의 노력이 아니라 정책당국과 산업계가 함께 노력해야 함이 분명하다.

융・복합학과 融復合學科는
대학의
미래 경쟁력

융・복합산업에 필요한 융・복합형 인재의 양성은 당견히 대학의 몫
이다. 대학은 새로운 조류에 발맞춰 빠르게 진화해야 하는데 우리 대학
의 현실은 그렇지 못해 안타깝다.

융합은 서로 다른 두 분야에서 남들이 보지 못하는 연결 고리를 발견하고 새로운 가치를 창출하는 것이다. 융합산업은 새로운 성장동력 산업으로 각광받고 있다. 지금은 정보통신 뿐 아니라 의료, 에너지, 우주산업, 환경 등에 이르기까지 산업간 융·복합이 빠르게 진행되고 있다. 지식경제부 R&D 전략기획단의 황창규 단장은 융·복합 컨버전스 산업은 미래 먹을거리 창출의 최대의 보고이며, 앞으로 모든 기술은 단순한 물리적 결합을 넘어 화학적 융·복합화 방식으로 발전하게 될 것이라고 전망했다. 산업계의 이런 큰 흐름은 당연히 융·복합형 인재의 양성 필요성이 시급한 과제로 대두될 수밖에 없다. 융·복합산업에 필요한 융·복합형 인재의 양성은 당연히 대학의 몫이다. 대학은 새로운 조류에 발맞춰 빠르게 진화해야 하는데 우리 대학의 현실은 그렇지 못해 안타깝다.

기존의 학문과 학문이 만나는 접점에서 새로운 학문분야의 가지들이 우후죽순처럼 태어나고 있다. 그럼에도 대학은 학과 간에 쳐놓은 높은 울타리 안에서 교수들은 자기 전공과목을 지키기 위해 안간힘을 쏟는다. 이런 분위기에서는 산업계를 비롯한 교육 수요자들의 요구는 아예 뒷전으로 밀려 날 수밖에 없다. 단일기술, 단일학문으로는 한계에 달했다. 때문에 이제 지식을 융합해 전혀 새로운 가치를 창조해 내는 다학제적多學際的(muti-displinary) 연구와 '융·복합형 두뇌'의 양성은 이제 선택이 아니라 필수사항이다. 그동안에도 간헐적으로 학문간 퓨전은 이루어져 왔다. 생물학과 화학이 만나 생화학(Biochemistry)이, 생물학과 물리학에서 생물물리학(Biophysics)이, 기계공학과 전자공학이 만나 메카트로닉스(Mechatronics)라는 새로운 학문영역이 탄생했다. 그러나 산업계의 거대한 흐름에 발맞추려면 이러한 노력은 더 빠른 속도로 진행되어야 한다. 이런 흐름을 반영하듯 2008년 서울대에서 개최된 세계대학총장포럼에서는 '서울선언'을 채택했는데 21세기 대학의 지향점指向點으로 「학제적 융합지식 구축」을 제시하였다.

MIT의 학문융합사례는 우리에게 많은 것을 시사해준다. MIT에서는 2004년 전기공학, 컴퓨터과학, 수학, 항공·우주비행학, 기계공학, 뇌인지과학, 지질·대기·지구과학 등 7개 과의 교수, 연구원, 학생 800명이 모여 인공지능 연구를 위한 CSAIL(컴퓨터과학·인공지능랩)을 만들었다. 뿐만 아니라 뇌과학, 심리학, 생물학을 엮어 BCS(뇌인지과학), 인문학부, 전기공학과, 경영대학원, 인공지능랩을 묶어서 CCI(집단지성 센터)를 만들었다. 우리나라 대학도 백화점식으로 나열된 기존학과를 조정하거나 재편하는 한편 새로운 융합학문분야를 개척하는 노력이 필요하다. 2010학년도 대학

입시에서도 전문화된 맞춤형 인재를 양성하는 각 대학의 '특성화 학과特性化學科'가 돌풍을 일으켰을 뿐 아니라, 연계전공 분야에 대한 재학생들의 선호도가 높게 나타났다. 대학도 이런 새로운 트렌드에 발맞춰 발 빠르게 진화해야 한다. 어느 대학이 얼마나 능동적으로 학문융합을 시도하여 경쟁력을 갖춘 블루오션학과를 신속하게 만들어 가느냐가 대학의 경쟁력 확보에 지대한 영향을 미칠 것이다. 이때 대학이 해야 할 일은 새로운 교수를 채용하는 것도 한 방법이지만 가능하면 기존의 교수들에게 재교육의 기회를 제공하여 새로운 환경에 적응할 수 있도록 한다면 대학의 경쟁력도 확보하고 구조 조정에 따른 역풍도 비켜갈 수 있는 일석이조一石二鳥의 효과를 거둘 수 있다. 그러나 여기서 문제가 되는 것은 결코 무늬만 융·복합학과여서는 안된다는 점이다. 기존의 학과를 환골탈태換骨奪胎 시켜 사회적으로 공인을 받을 수 있어야 할 것이다. 사회적 수요를 반영한 학문영역간 통합統合(Integration), 융합融合(Fusion), 통섭統攝(Consilience)은 대학경쟁력 확보를 위해 피할 수 없는 대명제大命題가 되고 있다.

인재조기선발과 맞춤교육, 3+1 학제學制를 제안한다

대학은 지금보다 교육의 강도를 높여 3학년 2학기까지 기초 및 전공교육을 모두 끝내고 기업이 3학년 2학기 말 겨울방학 동안 필요한 인재를 선발하도록 하자는 것이다. 이렇게 되면 4학년 1년 동안은 기업과 대학이 공동으로 선발된 인재를 대상으로 기업의 필요에 맞게 '맞춤교육'을 할 수 있다. 학생의 입장에서 보면 안정된 상태에서 미래를 준비할 수 있고, 기업도 신입사원의 재교육에 들어가는 천문학적인 액수의 기회비용機會費用을 줄일 수 있다.

한국경영자 총협회가 2005년 전국 100인 이상 536개 기업을 대상으로 조사한 자료에 따르면 대졸신입사원의 재교육에 따른 기업부담이 8조원을 상회한다고 했다. 스위스 국제경영개발원(IMD)이 발표한 '2010년 세계경쟁력연감'에 따르면 우리나라의 '대학교육의 사회 부합도'는 조사대상 58개국 가운데 46위에 그쳤다. 이쯤 되면 한 재벌그룹 명예회장이 기업은 불량품을 만들면 리콜을 하는데 대학이 불량인재를 양성하면 아무도 책임지지 않는다고 지적한 것이 이해가 된다. 기업의 인사담당자들은 요즘 학생들을 인성도 전공지식도 모두 부족하다고 불만을 표시하고, 국내에서 활동하고 있는 외국기업의 최고경영자(CEO)들도 '대학교육과 산업현장에서 필요로 하는 지식 사이에 상당한 괴리가 존재한다.'고 생각하는 것으로 조사되었다.

기업의 요구와 대학에서의 학습내용 사이에 높은 불일치도 不一致度는 우리나라 대학교육의 현주소를 보여주는 구체적 지표이다. 로버트 로플린 KAIST 전 총장은 대학은 교육의 본질적 구매자인 학부모나 기업의 의견을 귀담아 들어야 하며 학생들의 수요를 맞출 수 없는 경우에는 커리큘럼을 폐지하고 상품을 바꿔야 한다고 했다. 모든 대학들이 가슴을 열고 귀담아 들어야할 내용이다.

그러나 많은 기업들이 대학에 대해 '맞춤형 교육', '맞춤형 인재양성'을 요구하고 있음에도 불구하고 사실 대학의 입장에서 보면 대응하기가 그렇게 쉬운 일이 아니다. 대학은 보통 한 학년에 천명 이상의 정원을 가지고 있을 뿐만 아니라 특정 학생이 어떤 기업의 어느 부서에 근무할지도 모르는 상태어서 '맞춤형 교육'을 한다는 것은 현실적으로 불가능하기 때문이다.

저자는 이러한 문제점들에 대한 근본적 해결책으로 3+1학제를 제안해 본다. 대학은 지금보다 교육의 강드를 높여 3학년 2학기까지 기초 및 전공교육을 모두 끝내고 기업이 3학년 2학기 말에 겨울방학 동안 필요한 인재를 선발하도록 하자는 것이다. 이렇게 되면 4학년 1년 동안은 기업과 대학이 공동으로 선발된 인재를 대상으로 기업의 필요에 맞게 '맞춤교육'을 할 수 있다. 학생의 입장에서 보면 안정된 상태에서 미래를 준비할 수 있고, 기업도 신입사원의 재교육에 들어가는 천문학적인 액수의 기회비용機會費用을 줄일 수 있다. 이 제도는 지금 부분적으로 시행되고 있는 '인턴사원제'보다는 진일보進一步한 제도가 될 것으로 확신한다.

숭례문崇禮門과
교육선진화先進化

우리 사회의 도덕률과 윤리의식을 고양시키는 것도, 양극화를 해소하고 더불어 사는 따뜻한 공동체共同體를 만들어 가는 것도 그 해답은 교육에서 찾을 수 있다. 이것이 이 땅의 교육이 기본으로 되돌아가 보다 나은 미래를 향해 심기일전心機一轉해야 하는 까닭이다.

1960년대에 초등학교 교과서에는 '우리나라는 4분의 3이 산지인 좁은 국토에 인구밀도는 벨기에, 룩셈부르크에 이어 세계 3위로 높은 인구과밀국이다. 북한은 수풍수력발전소, 흥남 질소비료공장 등 중공업이 발달되어 있는데 비해 남한은 방직 등 경공업이 주된 산업이고 지하자원이 빈약하며 수출품은 농산물과 같은 1차 산물이 주'라는 내용이 실려 있었다. 이것이 우리 나라의 엄연한 현실이었다. 이렇듯 작고 보잘 것 없었던 나라가 참혹한 전쟁과 역경을 이겨내고 불과 30여년 만에 OECD에 가입하고 국민소득 2만 달러를 달성한 것은 실로 현대사에 보기 드문 기적에 가까운 일이다.

필자는 한·미자유무역협정(FTA)협상을 지켜보면서도 마음 한 구석으로부터 뿌듯한 자긍심自矜心을 느끼지 않을 수 없었다. 세계최강의 국가라고 자타가 공인하는 미국은 쇠고기나 쌀과 같은 농축산물의 무역장벽을 낮추라고 안달이고, 우리나라는 반도체나 자동차 같은 공산품에 대한 반덤핑관세를 문제 삼는 완전히 상반相反된 입장을 보면서 금석지감今昔之感이 들었기 때문이다. 보릿고개를 넘으며 헐벗고 굶주리면서도 자식들 공부만큼은 꼭 시켜야 한다는 우리 부모 세대들의 높은 교육열敎育熱과 헌신적 뒷바라지가 오늘의 대한민국을 있게 한 것이다. 우리가 짧은 시간에 선진국 대열에 합류할 수 있었던 원동력은 다름 아닌 교육이었다. 우리 사회의 교육에 대한 자부심과 열정이 남다른 것 또한 우리가 이제까지 교육의 힘을 스스로 증명해 왔기 때문일 것이다.

그러나 우리나라의 국보 1호 숭례문이 불고 하룻밤 사이에 잿더미로 주저앉은 안타까운 광경을 TV 화면을 통해 지켜보면서 나는 OECD 가입과 국민소득 2만 달러 달성이 무슨 의미가 있겠느냐는 자괴감自愧感에 사로잡히지 않을 수 없었다. 민족의 혼魂이 담겨져 있는 국가의 아이콘이자 가치를 매길 수 없는 소중한 문화재를 사사로운 기분에 휩싸여 불 지르는 국민이 살고 있는 국가가 단지 국민소득만 높아진다고 해서 저절로 선진국이 될 수 있을까? 교육자이자 국민의 한 사람으로서 우리나라가 세계인이 인정하는 선진국이 되기 위해서는 교육선진화를 통해 성숙한 문화국가로 거듭 태어나지 않으면 안 된다는 것을 통감하였다 우리의 교육은 지식인과 기술자를 많이 배출하여 경제성장을 선도하는 기능적인 역할에 매진해온 기존의 틀에서 벗어나, 이제부터는 건강한 사회 발전을 위해 책임을 공유하는 성숙한 문화시민을 양성해야 하는 과제를 새롭게 떠안게 되었다는 것이다.

우리사회는 고도경제성장을 하는 과정에 많은 미풍양속美風良俗을 잃어 버렸다. 예로부터 우리나라는 '동방예의지국東方禮義之國'이라고 불릴 정도로 훌륭한 미풍양속을 가지고 있었다. 그러나 오늘 우리사회를 살펴보면 그런 칭호가 어울릴지 의문이다. 노약자老弱者에 대한 배려와 상대방에 대한 존중을 찾아보기 힘들다. 인터넷 문화는 또 어떠한가. 차마 얼굴에 대고는 못할 욕설과 비방, 악성루머가 공공연하게 양산되어진다. 참된 문화선진국이 되기 위해서는 교육이 바로 서서 잃어버린 미풍양속을 되찾아야 한다. 생활의 가장 기본적인 것들을 지키지 않으면 국제사회로부터 선진국으로 인정받기 힘들다. 그동안 우리는 입시위주, 성과위주의 교육에만 매달려 가장 기초적이고 필수적인 '인성교육人性敎育'을 너무도 소홀히 했음을 인정해야 한다. 기초질서 지키기는 선진시민에게 요구되는 최소한의 행동규범行動規範이라 할 수 있다. 이를 위해 교육이 나서야 한다.

우리 사회의 도덕률과 윤리의식을 고양시키는 것도, 양극화를 해소하고 더불어 사는 따뜻한 공동체共同體를 만들어 가는 것도 그 해답은 교육에서 찾을 수 있다. 이것이 이 땅의 교육이 기본으로 되돌아가 보다 나은 미래를 향해 심기일전心機一轉해야 하는 까닭이다. 성숙한 문화선진 대한민국, 교육 선진화를 통한다면 충분히 가능한 우리의 미래이다.

산업으로서의
교육

GDP대비 교육산업기여도가 큰 국가로는 미국·영국·호주 등이 있다. 그 가운데 최근 들어 교육분야의 약진이 가장 두드러지는 국가는 싱가포르이다. 싱가포르가 2002년부터 범정부적 추진체제를 구축하여 성공적으로 추진되고 있는 '글로벌 스쿨 하우스' 전략은 우리도 벤치마킹 할 필요가 있다.

버락 오바마 미국대통령은 연일 한국의 교육을 모범사례로 들면서 미국 교육의 분발을 촉구하고 있다. 세계의 많은 나라들이 부러워할 정도로 우리나라가 경제적 기적을 이룩할 수 있었던 것도 좋은 교육을 받은 우수한 인적자원과 '우리도 한번 잘살아 보자'는 지도자의 높은 안목眼目과 비전이 만들어낸 합작품이라고 해도 과언은 아니다. 교육은 이처럼 우리 민족에게는 오랫동안 생명과도 같은 것이었다.

그런데 정말로 우리 교육이 세계적인 모범사례가 될 수 있을까? 실상은 그렇지 않고 오히려 우리 경제에 주름을 짓게 하고 있다. 외국에서 어학연수 중이거나 대학 또는 대학원에서 공부하고 있는 순수한 유학생 수는 2009년 현재 24만 3천 224명(교육과학기술부 자료)이며 이들을 위한 해외 송금액은 2005년부터 2009년까지 5년간에 걸쳐 연평균 42억 4천만 달러(한국은행 국제수지 통계)에 이른다고 한다. 따라서 해외송금 교육비는 경상수지 적자에 구조적인 부담 요인으로 작용하고 있음을 알 수 있다.

한국무역협회 산하의 무역연구소가 2005년 발표한 '한국의 교육서비스수지 현황 분석' 보고서의 결과도 이와 별반 다르지 않다. 2004년 한해에 한국에서 해외로 떠난 유학 및 연수생이 지출한 금액은 약 51억 4800만 달러였으나, 외국인 유학생이 한국에서 지출한 경비는 2억 6000만 달러에 그쳐 한국의 교육서비스수지 적자규모는 약 49억 달러에 이르렀다고 보고하고 있다.

학령인구가 지속적으로 감소하고 있는 우리나라와는 달리 중국은 G2국가에 속하는 나라답게 교육부문에서 211공정을 강도 높게 추진하고 있다. 즉 21세기에는 100개 대학만 남기고 나머지 는 모두 통폐합하겠다는 정책이다. 물론 한 대학의 규모가 우리와 비교할 수 없을 정도로 크긴 하겠지만 인구 수에 비하면 자국 내 에서는 고등교육을 받지 못하는 중국 학생들이 엄청나게 증가 할 것으로 예상 된다.

이런 대내외적 여건을 종합적으로 고려해 볼 때 우리 교육 도 이제 밖으로 내보내기만 할 것이 아니라 외국의 학생들을 적극 받아들이는 정책으로 전환할 때가 되지 않았나 생각된다. 즉 국가 적 차원에서 고등교육을 하나의 산업으로 육성하고 나아가 차세 대 성장동력의 한 축으로 삼자는 것이다.

물론 우리 정부도 교육산업적 접근을 통해 교육서비스의 경쟁력을 강화하여 유학수지를 개선하고자 하는 노력을 취해 왔던 것으로 알고 있다. 구체적 예로 2004년부터 2010년 까지 외국인 유학생 5만 명을 유치하겠다는 '스터디 코리아 프로젝트'를 시행하여 기대이상의 성과를 거두고 있고, 세계 수준의 연구중심대학(World Class University, WCU) 육성사업을 통해 융합형 인재양성을 위한 융·복합학과 신설의 유도와 해외 저명학자들의 본격적인 유치 등에도 어느 정도 성과를 나타내고 있다.

그러나 이러한 노력들은 범국가적 차원에서 보다 큰 스케일로 체계적으로 이루어져야 한다. 다른 나라의 사례를 살펴보자. GDP대비 교육산업기여도가 큰 국가로는 미국·영국·호주 등이 있다. 그 가운데 최근 들어 교육분야의 약진이 가장 두드러지는 국가는 싱가포르이다. 싱가포르가 2002년부터 범정부적 추진체제를 구축하여 성공적으로 추진되고 있는 '글로벌 스쿨 하우스' 전략은 우리도 벤치마킹 할 필요가 있다. 이 전략은 한 마디로 싱가포르를 21세기 국제적인 교육 허브국가로 성장시키겠다는 것이다. 이를 위해 싱가포르는 세계적 수준의 대학을 국내에 유치하도록 재정 지원을 하고 있고 해외 유학생도 2015년까지 15만 명 수준으로 유치할 계획이다. 이러한 노력은 2만 2000여개의 일자리를 추가적으로 창출하고, GDP 대비 교육산업기여도를 5%까지 높여 줄 것으로 보인다. 싱가포르의 GDP 대비 교육산업기여도가 미국·

영국·호주 등 교육 선진국을 이미 따라잡고 있는 데서도 확인되고 있듯이 싱가포르의 '글로벌 스쿨 하우스' 전략은 현재까지 성공적으로 진행되고 있는 것으로 평가받고 있다.

중국에 인접하고 있고 싱가포르보다 경제규모가 훨씬 큰 우리나라는 오히려 국제적인 교육허브국가로 발돋움하기 위한 좋은 지리적 조건을 갖추고 있다. 따라서 이를 위한 구체적인 전략이 새로이 나와야 할 것이다. 이와 더불어 지금 추진 중인 사업도 재점검할 필요가 있다. 예컨대 WCU(World Class University) 사업처럼 어느 한 대학 전체를 세계적인 대학으로 부상시키고자 하는 사업을 조정하는 것이다. 현실적으로 세계적인 대학을 지향하는 것보다 세계적인 학과를 육성하는 것이 훨씬 기대효과를 높일 수 있을 것으로 판단된다. 중앙일보의 글로벌 연구 경쟁력 평가에서 서울대가 약리·독성분야에서 세계 7위에 랭크된 것은 그 가능성을 반증해 준다고 할 수 있다. 이처럼 세계적인 경쟁력을 갖출 수 있는 유망 학문분야를 선정하여 국가가 나서 체계적으로 집중 지원한다면 충분히 승산이 있다고 생각된다.

다른 한편으로는 최근 우리나라의 국제적 위상이 높아지면서 한국어를 배우고 한국에서 공부하기를 원하는 외국학생들이 늘어나고 있다고 한다. 이들을 위해 국가적 차원에서 가칭 '한국어 교육원'을 만들어 외국학생들이 일정기간 우리 말 교육을 받고 원하는 대학의 학과에 진학하여 공부하는 체제도 마련할 필요가 있다.

지식기반 사회의 도래는 교육에 올인하는 우리에게는 교육을 산업으로 꽃피울 수 있는 새로운 호기好機가 도래하고 있음을 의미한다. 이렇게 된다면 지금 동네 북신세가 되고 있는 우리나라 고등교육高等敎育도 가장 매력적으로 성장하는 산업 가운데 하나로 자리 매김할 수 있을 것이다.

저자약력

저자 차인준車仁濬은

　　서울대학교 의과대학을 졸업하고 같은 대학 대학원에서 의학박사 학위를 취득하였다.

　　그 후 인제의과대학 약리학 교실에 근무하면서 인제의과대학 교무과장, 인제대학 의예과장, 대학원장보, 인제대학교 기획실장, 교학부총장, 대학원장을 거쳤다.

　　〈교육 Korea 30〉은 저자가 20년 이상 대학행정에 참여하면서 얻을 수 있었던 산 지식과 우리 교육의 내일을 걱정하는 많은 분들의 높은 식견을 모아 2005년 「대학MF 도전과 희망」에 이어 교육에 관한 책으로는 두 번째로 엮은 것이다.

phcij@inje.ac.kr

교육
Korea
30

초판1쇄발행 2011년 4월 11일
초판2쇄발행 2011년 4월 29일

저   자 차인준

발 행 처 도서출판 박문사
발 행 인 윤석현
책임편집 조성희
등록번호 제2009-11호

우편주소 (132-702) 서울시 도봉구 창동 624-1 북한산현대홈ㅅ티 102-1206
대표전화 (02) 992 / 3253
전   송 (02) 991 / 1285
홈페이지 http://www.jncbms.co.kr
전자우편 bakmunsa@hanmail.net

ISBN 978-89-94024-56-1 03040   정가 10,000원